ELIZABETH TAYLOR
Bilder eines Lebens

www.henschel-verlag.de
www.seemann-henschel.de

Die Übersetzung der Bildunterschriften und Zitate aus dem Französischen besorgte Nadine Püschel.

Bibliografische Information der Deutschen Nationalbibliothek
Die Deutsche Nationalbibliothek verzeichnet diese Publikation in der Deutschen Nationalbibliografie;
detaillierte bibliografische Daten sind im Internet über www.ddb.de/ abrufbar.

ISBN 978-3-89487-625-8

© 2008 by YB Éditions
(biografischer Essay: © by Alexandre Thiltges; weitere Texte: © by Yann-Brice Dherbier;
grafisches Konzept: © by Renaud Sauteret)

© 2008 by Henschel Verlag in der Seemann Henschel GmbH & Co. KG
(für die deutsche Ausgabe)

Die Verwertung der Texte und Bilder, auch auszugsweise, ist ohne Zustimmung des Verlags
urheberrechtswidrig und strafbar. Dies gilt auch für Vervielfältigungen, Übersetzungen,
Mikroverfilmungen und für die Verarbeitung mit elektronischen Systemen.

Lektorat und Satz: Petra Thoms, Berlin
Umschlaggestaltung: Grafik Scheffler, Berlin
Umschlagbild: © Rue des Archives / Snap Photo
Repro: Ateliers du Regard
Druck und Bindung: EBS, Verona
Printed in Italy

Gedruckt auf alterungsbeständigem Papier mit chlorfrei gebleichtem Zellstoff

ELIZABETH TAYLOR
Bilder eines Lebens

Herausgegeben von Yann-Brice Dherbier

Mit einem biografischen Essay von Alexandre Thiltges

Aus dem Französischen von Johannes Finkbeiner

HENSCHEL

ELIZABETH TAYLOR
DIE LETZTE DIVA HOLLYWOODS

Was würde uns wohl als Erstes einfallen, wenn man uns nach der „Königin von Hollywood" fragt? Bestimmt hätten wir sofort einige der Allüren parat, für die sie bekannt ist: Elizabeth Taylor, launische Diva und Megastar des amerikanischen Films, kommt zu Verabredungen grundsätzlich zu spät – normalerweise zwischen zwei und fünf Stunden –, hasst ihren Spitznamen „Liz" („Meine wahren Freunde sagen einfach Elizabeth zu mir") und liebt Tiere über alles (sie umgibt sich mit Scharen von Katzen, Hunden und anderen Vierbeinern, die ihre Teppiche ruinieren und ihre luxuriösen Abendkleider zerreißen). Außerdem käme uns wohl ihre respektlose, nicht selten vulgäre Ausdrucksweise in den Sinn, für die sie in Hollywood berüchtigt ist; und sicher könnte man immer noch eins draufsetzen und beispielsweise ihre beeindruckende Sammlung an Diamanten oder Ehemännern anführen. Das könnte man. Doch lassen wir die Klischees einmal beiseite: Wer ist Elizabeth Taylor wirklich?

Zu Beginn ihrer Karriere verkörpert sie noch das klassische Bild der zärtlichen jungen Frau mit dem kindlichen Charme, doch schon bald wird sie zum Inbegriff des Massenkonsums der 1950er Jahre, dann der Popkultur und schließlich der Gegenkultur, bevor sie zum Sexsymbol aufsteigt und das ausschweifende Leben schlechthin repräsentiert. Angepasst, aber auch rebellisch, sanft und gleichzeitig kratzbürstig, unterwürfig gegenüber Männern und doch unabhängig, konservativ und gleichzeitig feministisch, Produkt ihrer Zeit und dabei hochgradig exzentrisch, vereinigt sie alle erdenklichen Widersprüche in sich, sodass es manchmal schwer fällt, sie einzuschätzen.

Gegenüber einem Journalisten der Zeitschrift *People* fasste sie ihr Leben einmal so zusammen: „Mir wurde alles auf dem Silbertablett serviert: Schönheit, Ruhm, Glück, Liebe. Ich musste mich nie sonderlich anstrengen, aber ich habe mein Glück auch teuer bezahlt. Ich habe Freunde sterben sehen, war schwer krank, alkoholabhängig und tablettensüchtig, ganz zu schweigen von meinen gescheiterten Ehen. Ich habe einiges durchgemacht." Trotz ihrer wohlbehüteten Kindheit hatte Taylor in der Tat alles andere als ein einfaches Leben. Und dennoch sagt sie selbst: „Ich bin nicht kleinzukriegen. Nehmen Sie mich als lebendes Beispiel dafür, dass man selbst die härtesten Prüfungen überstehen kann."

Als sie am 27. Februar 1932 auf die Welt kommt, hat sie so gar nichts von der kleinen Prinzessin, die sich ihre Eltern so sehr gewünscht hatten: Der Flaum am ganzen Körper und die groben Züge lassen noch nichts von einer Zukunft als Schönheitsikone erahnen, die einmal weltberühmt sein wird. Ihre Mutter Sara sagte einmal über den Säugling: „Sie war von einem richtigen schwarzen Fell bedeckt. Selbst die Ohren waren behaart und klebten an ihrem Kopf. Sie hatte eine winzig kleine Stupsnase und ein so trübsinniges Gesicht, dass man sich darauf ein Strahlen überhaupt nicht vorstellen konnte."

Doch es ist wie im Märchen: Schon bald wird aus dem hässlichen Entlein eine vollendete Schönheit. Bereits als Kleinkind strahlt Elizabeth einen so hinreißenden Charme aus, dass die Leute um sie herum gar nicht anders können, als sich von ihren tiefblauen, fast violetten Augen verzaubern zu lassen, deren Schimmern von den langen schwarzen Wimpern noch verstärkt wird. Das gelockte, schwarz glänzende Haar und ihr Schönheitsfleck auf der rechten Wange bilden einen interessanten Kontrast zu ihren feinen Gesichtszügen und dem Porzellanteint.

Elizabeth Rosemond Taylor wird im Londoner Villenviertel Hampstead geboren, nachdem ihre Eltern – beide Amerikaner – sich 1927 zum Umzug nach Europa entschlossen haben. In der englischen Hauptstadt verbringt sie in der Obhut von Kindermädchen, Chauffeuren und Reitlehrern ihre ersten sieben Lebensjahre.

Eine Kindheit als Prinzessin

Ihren Anfang nimmt die Geschichte jedoch in einer verschlafenen Kleinstadt im Süden des US-Staates Kansas, wo sehr starker Dialekt gesprochen wird. Elizabeths Eltern lernen sich im friedlichen Arkansas City kennen, während in Europa der Erste Weltkrieg wütet. Sara Warmbrodt ist ein bezauberndes junges Mädchen, intelligent und lebenslustig. Francis Taylor, selbst eher zurückhaltend und nicht gerade eine Frohnatur, verliebt sich sofort in sie. Doch die beiden langweilen sich sehr schnell in diesem Provinznest, sie träumen von einem Leben am Puls der Zeit, weit weg von der öden Gleichförmigkeit des ländlichen Amerika. Sara hegt den nicht ganz unbescheidenen Wunsch, Schauspielerin zu werden und Weltruhm zu erlangen. Unterstützt wird sie dabei von ihrer Mutter, die selbst eine große Musikliebhaberin ist; besonders Gesang und Piano haben es ihr angetan. Wie sich später herausstellen wird, setzt sich mit Elizabeth Taylor eine lange Familientradition couragierter, selbstbewusster und unternehmungslustiger Frauen fort. Ihre Familie ist durch und durch von Frauen dominiert; es ist immer die Mutter, die den Ton angibt. Und so geht auch der Vorname der Schauspielerin auf den ihrer Großmutter und ihrer Urgroßmutter zurück, als eine Art demonstrativer Übergabe dieser starken Frauenrolle an die Nachkommenschaft.

Nach dem Ende des Krieges beginnt Francis eine Ausbildung bei seinem Onkel, einem Kunsthändler aus Saint Louis. Der junge Mann, inzwischen 21 Jahre alt, erweist sich als Glücksgriff – er scheint für den Beruf wie geboren, und die beiden eröffnen zusammen in New York eine neue Galerie. Sie spezialisieren sich auf europäische Kunst des 18. und 19. Jahrhunderts und haben schon sehr bald großen Erfolg. Wir befinden uns im Jahr 1919, unmittelbar vor Beginn der „Roaring Twenties" und der Ära des Jazz. Die New Yorker Neureichen haben ihr Herz für die Meisterwerke der Kunst entdeckt und geben das Geld mit vollen Händen aus.

Auch Sara verlässt ihre Heimatstadt. Sie geht nach Kansas City, wo sie Schauspielunterricht nimmt. Erst einige Jahre später wird der Zufall sie wieder mit Francis zusammenführen.

Sie weiß sehr genau, was sie will: Ruhm, Anerkennung und Bewunderung. Da sie ihren Nachnamen nicht elegant genug findet, wählt sie den Künstlernamen Sara Sothern; sie tut alles, um möglichst viele einflussreiche Schauspieler kennenzulernen und für eine Karriere hilfreiche Kontakte zu knüpfen. Sie ergattert zunächst ein paar Nebenrollen in kleinen Provinz-Ensembles, bis ihr 1922 in Los Angeles endlich ihre erste wirklich interessante Rolle angeboten wird. Doch *The Fool*, aufgeführt im Magic Theatre, wird von der Kritik verrissen. Obwohl sie vom großen Durchbruch in Hollywood träumt, gelingt es den Produzenten, sie nach New York an den Broadway zu locken, wo das Stück ebenfalls gezeigt werden soll. Dieses Mal fallen die Reaktionen ein wenig freundlicher aus, und die Kritiker heben besonders den guten Auftritt der Schauspielerin Sara Sothern hervor. Die Folge ist ein Vertrag mit dem Apollo Theatre in London, wo das Stück fünf Monate lang gespielt wird. Sara ist im siebten Himmel, die Zuschauer wollen Teile ihres Kostüms und Haarsträhnen von ihr haben. Sogar die Kronprinzessin besucht sie in ihrer Loge und schenkt ihr eine mit Diamanten besetzte Brosche. So entsteht ihr Faible für Geschenke und insbesondere für Edelsteine, eine Leidenschaft, die sie später ihrer Tochter vererben wird. Auch den Erfolg und die Bewunderung durch das Publikum wird sie dann noch einmal erleben, allerdings nicht an sich selbst, sondern an Elizabeth, auf die sie all die Wünsche projiziert, die in ihrem eigenen Leben nicht in Erfüllung gegangen sind.

Sara tritt in der Folge in mehreren Stücken auf, die bei Kritik und Publikum jedoch auf eher verhaltene Resonanz stoßen. Ihre Karriere kommt einfach nicht richtig in Schwung, und nach ihrer Rückkehr nach New York erlebt sie nie wieder den Erfolg, der ihr in England zuteil wurde. Der Zufall will es, dass sie in jener Zeit, genauer gesagt 1926, in einem New Yorker Nachtlokal ihre Jugendliebe Francis Taylor wiedertrifft, der mittlerweile ein äußerst eleganter, kultivierter Mann geworden ist. Die Geschäfte laufen hervorragend, was ihn für die schöne Schauspielerin nicht weniger attraktiv macht. Francis macht ihr den Hof und zeigt sich dabei sehr beharrlich, er lädt sie zum Essen ein und schickt ihr jeden Tag einen Rosenstrauß ... Als er ihr schließlich eröffnet, dass ihm sein Onkel die Leitung einer neuen Galerie in London übertragen will, geht Sara auf sein Werben ein. Sie heiraten Ende 1926; wenig später, Anfang 1927, nimmt Sara schweren Herzens Abschied von der Theaterbühne.

Auch wenn sie das Theater vermisst, so ist sie doch sehr davon angetan, ein Leben auf großem Fuße zu führen und Reisen in die großen Hauptstädte Europas zu unternehmen, umgeben von Luxus und allem Komfort. In London wohnt das Paar zunächst in einer Suite im vornehmen Hotel Carlton. Ende 1928 wird Sara zum ersten Mal schwanger, und sie ziehen in ein kleines Häuschen mit einem wunderschönen Garten direkt am Park Hampstead Heath. Im Juni 1929 kommt Sohn Howard zur Welt, mit seinen blauen Augen und den goldenen Löckchen ein bezauberndes Kind, von dem seine Mutter noch Jahre später schwärmt: „Er glich von Anfang an einem Botticelli-Engel." Von seiner Schwester wird man dies nicht behaupten können.

Die Taylors genießen ein unbeschwertes Luxusleben, von den verheerenden Folgen der Weltwirtschaftskrise bleiben sie unberührt. Sie leisten sich ein Kindermädchen, eine Köchin und einen Chauffeur und ziehen schon bald ein paar Straßen weiter in ein ebenfalls direkt am Park gelegenes großes Landhaus mit eigenem Tennisplatz, das sie bar bezahlen. Dieses Haus bildet die Kulisse für die Geburt jenes stämmigen Babys, das einst Elizabeth Taylor heißen sollte.

Die kleine Prinzessin, von der Mutter so sehr herbeigesehnt, ist mit einem dichten schwarzen Flaum bedeckt. Schon wenige Wochen später sind die Härchen verschwunden; was bleibt, sind die wunderschönen lavendelblauen Augen. Sie entwickelt ein hübsches Gesicht, aus dem die wachen Augen, hervorgehoben durch die langen Wimpern, aufmerksam herausleuchten; mit ihrem schönen, schwarzen Haar und den feinen Zügen gleicht sie einer Porzellanpuppe. Hinzu kommt der kleine Schönheitsfleck auf der rechten Wange, den ihre Mutter von den ersten Jahren an mit Kajal sogar noch besonders akzentuiert und der dem Gesicht das gewisse Etwas gibt. Vor allem aber reift schon sehr früh ihr Talent, sich neckisch zu geben und die Erwachsenen in Beschlag zu nehmen, eine entscheidende Eigenschaft für ihre schon bald beginnende Karriere als Wunderkind des Kinos.

Schon mit zwei Jahren wird das Kind von der Mutter in die Rolle einer „Grande Dame" gedrängt. Elizabeth soll schlichtweg das perfekte Mädchen werden, und ihre Mutter beginnt, sie für die große Karriere zurechtzubiegen, die ihr selbst versagt blieb. Der Vater hingegen glänzt durch Abwesenheit. Kühl und distanziert, findet er keinen Zugang zu diesem von seiner Frau beherrschten Universum. Es ist weithin bekannt, dass die Beziehung der Eltern alles andere als harmonisch war. Elizabeth selbst meinte zurückblickend einmal: „Papa und ich sind uns eigentlich erst nähergekommen, nachdem ich ausgezogen war." Eine euphemistische Einschätzung, blieben die Kontakte zwischen Vater und Tochter doch auch nach ihrem Auszug bestenfalls höflich und neutral. In Wirklichkeit gelang es Francis zu keinem Zeitpunkt, in irgendeiner Weise am Leben seiner Tochter teilzuhaben, während Elizabeth durch den enormen Einfluss ihrer Mutter nie in der Lage war, ihren Vater zu verstehen.

Mit vier Jahren lernt Elizabeth reiten und entwickelt eine große Leidenschaft für Tiere. Ein wohlhabender Freund der Taylors, Peter Cazalet, schenkt ihr eine Stute, und schon bald zeigt sich, dass sie das Zeug zu einer sehr guten Reiterin hat – eine im Hinblick auf ihre spätere Hollywood-Karriere äußerst nützliche Begabung. Sara möchte nichts dem Zufall überlassen und schickt ihre Tochter zum Tanzunterricht. Der Druck, den die Mutter aufbaut, hinterlässt nun erste Spuren. Elizabeth ist ein in sich gekehrtes Kind, Freunde der Familie sagen sogar, sie sei „vor Schüchternheit wie gelähmt". Dennoch hat sie mit vier Jahren ihren ersten großen Auftritt auf einer Bühne: Als sie mit den anderen Tänzerinnen zur Verbeugung zurückkommt, bleibt sie alleine zurück und macht weiter ihre Knickse. Dem Bericht ihrer Mutter zufolge erntet sie begeisterten Beifall, und das Publikum fordert mehrere Zugaben. Eine Erfahrung, die für Mutter und Tochter gleichermaßen berauschend gewesen sein muss.

Anfang August 1939, unmittelbar vor Ausbruch des Zweiten Weltkrieges, beschließen die Taylors, in die amerikanische Heimat zurückzukehren, und die glückliche Zeit in England geht zu Ende. Sara, Howard und Elizabeth bilden die Vorhut, während Francis noch einige Monate länger auf englischem Boden bleibt, um ein paar Angelegenheiten zu regeln und sich um die Schließung der Londoner Galerie zu kümmern. Die Mutter schifft sich mit den beiden Kindern nach Manhattan ein, von wo aus sie mit dem Zug weiter nach Pasadena in Kalifornien fahren; dort hat sich Saras Vater in der Zwischenzeit niedergelassen. Sara, deren Traum schon immer das große Kino war, wählt dieses Ziel wohl kaum ohne Hintergedanken: Die Zeit der großen Kinderstars ist 1939 mit Shirley Temple und Judy Garland auf ihrem Höhepunkt. Wäre Elizabeth mit ihren sieben Jahren da nicht die perfekte Nachfolgerin?

Francis stößt Ende 1939 zu ihnen und eröffnet in Hollywood eine neue Galerie. Die Taylors lassen sich in Pacific Palisades nieder, wo sie ein großes Haus direkt an der Küste beziehen. In diesem Nobelviertel wohnen sie umgeben von einflussreichen Größen der Filmindustrie, sodass Elizabeths Mutter viele Kontakte knüpfen kann, die sich noch als äußerst wertvoll herausstellen werden.

Das schauspielerische Talent der kleinen Elizabeth ist trotz allem nicht außergewöhnlich, und auch ihr Aussehen und ihr Charakter sind nicht derart sensationell, dass sie damit all die anderen Kinder ausstechen würde, die sich in den Filmstudios tummeln. Als sie in Kalifornien ankommt, spricht sie mit stark ausgeprägtem englischen Akzent und wird deswegen in der Schule gehänselt. Sie schämt sich dafür und schafft es in Rekordzeit, sich den englischen Tonfall abzugewöhnen; sie geht dabei so weit, dass sie das A „fast wie eine Texanerin" ausspricht, wie ein Reporter berichtet. Sie lässt sich nach Belieben formen und biegen und ist in der Lage, sich in alle erdenklichen Figuren zu verwandeln. Nur wer sie selbst eigentlich ist, weiß sie nicht. Sie besitzt die Fähigkeit, Rollen zu spielen und Personen nachzuahmen, doch die Herausbildung einer eigenen Persönlichkeit bleibt dabei auf der Strecke. Dieses Problem wird sie ihr ganzes Leben lang begleiten und noch verheerende Auswirkungen auf sie haben.

Im darauf folgenden Jahr ziehen die Taylors auf den North Elm Drive Nr. 703 nach Beverly Hills um; dort haben sie es näher zur Galerie und zu den Studios. Immer die Filmkarriere ihrer Tochter im Hinterkopf, meldet Sara die inzwischen achtjährige Elizabeth zum Gesangs-, Tanz- und Reitunterricht an. Elizabeth wird dadurch völlig isoliert und lernt keine Freunde kennen; sie wird nie eine wirkliche Kindheit haben. Melancholisch stellt sie sich später einmal selbst die Frage: „Wann war ich eigentlich ein Kind?" Doch Sara hält die Fäden fest in der Hand und ist dabei das Ein und Alles ihrer Tochter: „Meine Mutter war meine beste Freundin; sie beriet mich, sie gab mir die nötigen Anregungen, ihr konnte ich mich anvertrauen."

Sara nimmt ihre liebenswerte Tochter auch auf Partys mit, um sie der feinen Gesellschaft des Viertels zu präsentieren. Sie befiehlt ihr zu singen, doch zur großen Verwirrung ihrer Mutter und der anderen Gäste bringt Elizabeth vor Schüchternheit kaum einen Ton heraus, ihre Stimme zittert. Sie selbst sagte einmal: „Es war nicht mein eigener Wunsch, als Schauspielerin Karriere zu machen. Ich wurde dazu gedrängt." Sie ist unsicher und verängstigt, sodass sie in der Rolle der neuen Shirley Temple zunächst nicht sehr überzeugend wirkt ... Aber Sara lässt sich nicht entmutigen und stellt ihre Tochter einem großen Produzenten von Metro-Goldwyn-Mayer vor, der sie zu einem Besuch der Studios einlädt. Bei ebendiesem Besuch lernt sie Louis B. Mayer kennen, den Big Boss bei MGM, der sie sofort vorsingen lässt. Mayer hat es sehr eilig und stößt schon nach ein paar Takten kurz angebunden hervor: „Angenommen!"

Auf einen Vertrag wartet Sara allerdings vergebens. Hat Mayer vielleicht inzwischen seine Meinung geändert? Oder hat er seine Zustimmung einfach nur gegeben, um die aufdringliche Mutter abzuwimmeln? Wie dem auch sei, Sara bleibt hartnäckig, und schließlich findet sie doch ein Engagement für ihre Tochter: Ab dem 21. April 1941 bringt sie Elizabeth bei den Universal Studios unter. Der Vertrag ist zunächst auf sechs Monate befristet und beinhaltet ein wöchentliches Honorar von 100 Dollar, das an die Mutter der Jungschauspielerin ausgezahlt wird. 90 Prozent der Gage werden auf ein für Elizabeth eingerichtetes Konto überwiesen, während die Mutter beachtliche zehn Prozent einstreicht.

Das Renommee von Universal ist damals bei Weitem nicht so hoch wie das von MGM, und Elizabeth bricht bereits am ersten Drehtag in Tränen aus: „Ich will aber zu MGM!" Die Erfüllung dieses Wunsches lässt nicht lange auf sich warten. In der Hoffnung, irgendwann eine Rolle angeboten zu bekommen, geht sie jeden Tag in die Studios, wo sie wie die anderen Jungdarsteller die Schulbank drücken muss. Dort, in der hauseigenen Schule von MGM, einer doch etwas zweifelhaften Bildungseinrichtung, verbringt Elizabeth den größten Teil ihrer Schulzeit.

„Die Ärmste hat ihre ganze Schulzeit bei MGM verbracht", sagte Richard Burton später einmal, nicht ohne seine Partnerin dabei ein wenig zu belächeln. Die mangelnde Schulbildung führt zu einem Minderwertigkeitskomplex, der sie über weite Teile ihres Lebens begleiten wird. Wie eine Mitschülerin von damals berichtet, leidet Elizabeth an „krankhafter Schüchternheit", hat Angst vor den Studiobossen und „kann die Leute nicht ausstehen".

Im Sommer 1941 dreht sie schließlich im Alter von neun Jahren ihren ersten Film, eine belanglose Komödie mit dem Titel *There's One Born Every Minute*. Es mutet wie eine Ironie des Schicksals an, dass der Casting-Direktor sich von Elizabeths Auftritt enttäuscht zeigt: „Dem Mädchen fehlt das Außergewöhnliche. Ihr Blick ist der einer Erwachsenen. Sie hat kein Kindergesicht." Vielleicht liegt ihr aber auch einfach die Rolle der Rotzgöre nicht ... In jedem Fall scheint ihre Karriere als Schauspielerin damit fürs Erste beendet zu sein. Sie wird zurück nach Hause geschickt, der Vertrag mit Universal wird nicht verlängert.

Eine sehr schmerzhafte Erfahrung, die sicherlich nicht gerade zur Stärkung ihres Selbstvertrauens beiträgt. Dennoch freut sie sich, in ein normales Leben zurückzukehren, wieder zur Schule zu gehen und ihre Klassenkameraden wiederzutreffen. Auf die Frage, was sie später einmal werden will, antwortet sie: „Tänzerin, Krankenschwester, vielleicht auch Tierärztin. Oder ich werde als erste Frau ein Feuerwehrauto lenken. Mein Vater ist absolut dagegen, dass ich Schauspielerin werde."

Die Meinung des Vaters zählt bei den Taylors allerdings herzlich wenig. Über einen Freund ihres Mannes erfährt Sara, dass man bei MGM für eine Nebenrolle ein Mädchen mit englischem Akzent sucht. Es handelt sich um den Streifen *Heimweh*, die Hauptrolle spielt eine gewisse Lassie ... Dank ihres perfekten britischen Akzents und ihrer für außergewöhnlich schön befundenen Augen ergattert Elizabeth schließlich die Rolle. Zur großen Enttäuschung ihrer Mutter erscheint ihr Name jedoch nicht im Vorspann und sie tritt nur in vier kurzen Szenen auf, sodass sie insgesamt gerade mal zehn Minuten lang im Bild zu sehen ist. Das ist aber halb so schlimm, denn sie bekommt im Anschluss einen Einjahresvertrag bei MGM.

Das Management legt ihr nah, sich die Haare zu färben und die Augenbrauen zu zupfen, doch von Anfang an durchschaut Elizabeth die Mechanismen des Geschäfts und zeigt sich charakterfest. „Ich sollte mir sogar meinen Schönheitsfleck entfernen lassen! Dabei ist das doch mein Markenzeichen", sagte sie einmal im Rückblick. „Und als Nächstes wollten sie die Form meines Mundes und den Bogen meiner Augenbrauen ändern ... Ich habe alles abgelehnt."

Nachdem *Heimweh* abgedreht ist, gibt es bei MGM zunächst keine neue Rolle für sie. Im Sommer 1943 wird sie daher an Twentieth Century Fox „ausgeliehen", zu jener Zeit gängige Praxis. Sie spielt in einem Film über Jane Eyre mit, und wieder findet ihr Auftritt kaum Beachtung und ihr Name taucht erneut nicht im Vorspann auf.

Elizabeth fühlt sich in dieser Zeit – wie übrigens fast ihr ganzes Leben lang – sehr einsam. Da sie keine Freunde hat, richtet sie ihre ganze Zuneigung auf ihre Tiere. Ihr Leben mit Hunden, Katzen, Eichhörnchen und Pferden erzeugt das Bild vom wilden, eigensinnigen Mädchen, und ihre Presseagenten schlachten dieses Image ungeniert aus.

Im Herbst 1943 bietet ihr Louis B. Mayer eine Rolle in *Weiße Klippen* an, einem melodramatischen B-Movie über die Kriegsopfer Großbritanniens. Doch wieder kommt Elizabeth viel zu kurz. Dann hört sie in den Studios von einer gewissen Lucille Carroll, die für einen Film mit dem Titel *Kleines Mädchen, großes Herz* eine Darstellerin sucht, die gut reiten kann. Weder Katherine Hepburn noch Vivian Leigh kommen in Frage, nicht einmal Shirley Temple wird als passende Besetzung angesehen, und so weiten die Produzenten ihre Suche bis nach Amerika aus.

Es beginnt eine entscheidende Phase ihres Lebens. Trotz ihres zarten Alters von erst elf Jahren legt Elizabeth bereits ein beeindruckendes Temperament an den Tag. Voller Elan platzt sie in Carrolls Büro. „Ich weiß nicht, worauf Sie eigentlich noch warten", sagt sie dreist, „die Rolle der Velvet passt perfekt zu mir." Und irgendwie stimmt es ja auch: Sie liebt Pferde und ist eine sehr gute Reiterin, und außerdem kann sie den britischen Akzent der Velvet-Figur perfekt nachahmen. Warum gibt man ihr also nicht einfach die Rolle? Lucille Carroll findet sie zu jung und zu klein, „noch nicht richtig bereit" für den Part. Elizabeth ist fassungslos. „Was soll das heißen?", fragt sie unverfroren. Und mit der für Hollywood typischen Ehrlichkeit erklärt man ihr, dass die junge Velvet Brüste haben muss: „Bei dir ist alles noch flach wie bei einem Jungen."

Daran soll es nun wirklich nicht liegen: Elizabeth beginnt sich mit Fleisch und stärkehaltiger Nahrung vollzustopfen und treibt viel Sport, und siehe da, als Lucille Carroll ein paar Monate später unverrichteter Dinge von ihrer landesweiten Casting-Tour zurückkehrt, findet sie in ihrem Büro eine Elizabeth vor, die zehn Zentimeter gewachsen ist und ohne jede Scham mit dem Satz aufwartet: „Schauen Sie mal, ich habe Brüste!" Und damit hat sie es geschafft: Elizabeth Taylor hat ihre erste große Rolle. Obwohl sie erst zwölf ist, hat man ihr bereits beigebracht, sich zu schminken und ihre Aussprache zu kontrollieren (und vor allem, mit tiefer Stimmlage zu sprechen). Wie ein Chamäleon wechselt sie ihr Aussehen und verwandelt sich auf wundersame Weise in einen Teenager.

Die Dreharbeiten beginnen im Februar 1944, und von Anfang an legt der neue Kinderstar mit dem Gestus einer Erwachsenen sehr viel Charisma und große Professionalität an den Tag. Sie hat zwar nie richtigen Schauspielunterricht gehabt, doch der Beruf liegt ihr im Blut. Sobald die Kamera läuft, wird Elizabeth eins mit ihrer Figur und beweist ein sensationelles Talent, wie auch der Regisseur von *Kleines Mädchen, großes Herz*, Clarence Brown, rückblickend bestätigt: „Zwischen Elizabeth und der Kamera gab es eine Art magische Anziehung. George Cukor sagte einmal, dass die Kamera einen Schauspieler zum Star macht. Man weiß nie, wen die Kamera mögen wird. In *Kleines Mädchen, großes Herz* verliebt sich die Kamera in Elizabeth Taylor, und diese Liebe wird niemals enden."

Als die Zuschauer sie an der Seite von Mickey Rooney auf der Leinwand sehen, zieht dieses vitale Mädchen mit dem markanten Blick und dem wohlgeformten Körper sie sofort in Bann. Von nun an wird sie „America's little darling" genannt, und die Kritik überhäuft sie mit Lobeshymnen: „Elizabeth Taylor ist eine der größten Entdeckungen des Jahres ..." Mit dem Kinostart von *Kleines Mädchen, großes Herz* ändert sich ihr Leben schlagartig, von einem Tag auf den andern ist sie eine Berühmtheit. Sie muss zu Fototerminen und Autogrammstunden und bekommt körbeweise Liebesbriefe zugeschickt. Sie geht nicht mehr ohne Autogrammkarten aus dem Haus, genießt das Bad in der Menge und wird, zusammen mit anderen Schauspielern, ins Weiße Haus eingeladen, wo Präsident Harry Truman sie empfängt. Ihr Gesicht erscheint auf Werbeplakaten für Kosmetikprodukte (Lux-Seife und Max Factor), auf Grußkarten und Malbüchern.

Wie geht ein zwölfjähriges Mädchen mit dieser plötzlichen Verehrung um? Und welche Auswirkungen hat ein so früher Erfolg auf die Persönlichkeit? Eines ist sicher: Elizabeth wird sich sehr schnell der Macht ihrer Reize bewusst und versteht es von da an, sie als gefährliche Waffe einzusetzen.

Elizabeth wird zur Haupteinnahmequelle der Familie Taylor. Unmittelbar vor ihrem 13. Geburtstag, im Februar 1945, kündigen die Verantwortlichen bei MGM in der Presse an, ihr ein denkwürdiges Geschenk zu machen: Sie bekommt das Pferd aus *Kleines Mädchen, großes Herz*, das ihr während der Dreharbeiten so ans Herz gewachsen ist. Von dem Tag an wird im Leben der Elizabeth Taylor nichts mehr dem Zufall überlassen, und um ihre Vermarktung voranzutreiben, ist jeder Vorwand recht. Bei MGM hat man den Wert der Schauspielerin schnell erkannt, sodass man ihr eine Prämie von 7000 Dollar zukommen lässt und ihren Vertrag auf sieben Jahre verlängert. Elizabeths Selbstbewusstsein wird immer größer, und wenn sie einmal nicht zufrieden ist, beschimpft sie sogar den obersten Boss bei MGM: „Fahren Sie doch zur Hölle mitsamt Ihrer MGM!" Ihre Schlagfertigkeit und ihre offenherzige Ausdrucksweise, kurz: ihr freches Mundwerk, das zu einem wesentlichen Bestandteil ihrer Persönlichkeit werden wird, ist da schon sehr stark ausgeprägt.

Ihre Mutter Sara schwebt auf Wolke sieben: Dutzende Fotos von Elizabeth, allein oder mit ihr zusammen, bedecken die Wände in sämtlichen Zimmern ihres Hauses, als ob Vater und Sohn gar nicht existierten. Francis hingegen missbilligt das Treiben seiner Tochter, wenn auch, wie immer, auf passive Weise. Es ist offensichtlich, dass die Eltern sich immer schlechter verstehen und sich zunehmend auseinanderleben.

Ein Jahr lang gibt es bei MGM keine wirklich interessante Rolle für Elizabeth. Das macht aber nichts, denn sie wird ja weiterhin bezahlt. Was tut sie also: Sie sitzt in aller Ruhe ihre drei Stunden Schule pro Tag ab und schreibt melancholische Gedichte, die sie ihrem Pferd widmet. Die Presseabteilung hat sofort den Braten gerochen, und um das Bild des kleinen, einsamen Engels weidlich auszuschlachten, bittet man sie, ein Tagebuch über die Erlebnisse mit ihrem Eichhörnchen zu schreiben. *Nibbles and Me* erscheint 1946 und wird ganz allein für die Promotion ihres nächsten Films sorgen. Wie schon gesagt: Nichts wird dem Zufall überlassen.

Das Starlet steht unter strenger Aufsicht, denn die allgemeine Auffassung von Sitte und Anstand in den 1940er-Jahren bürdet kleinen Berühmtheiten wie Elizabeth eine Vorbildfunktion auf. Sie selbst erklärte einmal, dass das Dasein als Filmsternchen längst nicht so idyllisch ist, wie es den Anschein hat: „Mein Leben gehörte mir nicht mehr. Meine Eltern verbündeten sich mit der MGM, um meine Unschuld zu bewahren. In den Studios konnte ich nicht einmal auf die Toilette gehen, ohne dass mich meine Mutter oder ein Lehrer begleitet hätten. Sie waren der festen Ansicht, dass man sonst über mich herfallen würde. Sie meinten es ja nur gut, aber meine Intimsphäre wurde dadurch so verletzt, dass ich mich wie unter einem Mikroskop fühlte."

Im Frühjahr 1946 wird Elizabeth erneut wie eine Spielfigur zu den Warner-Studios weiterverschoben, wo sie in der Komödie *Unser Leben mit Vater* wieder nur eine kleine Nebenrolle erhält. Die Beziehung ihrer Eltern verschlechtert sich unterdessen noch weiter, sodass Sara und Francis im Herbst beschließen, sich zu trennen. Der eigentliche Grund ist jedoch, dass Sara sich bei den Dreharbeiten zu *Unser Leben mit Vater* in den Regisseur Michael Curtiz verliebt hat.

Mutter und Tochter lassen sich daraufhin in Malibu nieder. Elizabeth, die weiterhin fest zu ihrer Mutter hält und von der Trennung ihrer Eltern nicht sonderlich betroffen scheint, wird ihr Leben lang jenes Bild der passiven Vaterfigur behalten, und das beklemmende Gefühl, nie wirklich von ihrem Vater geliebt worden zu sein, wird sie für immer begleiten. Ein Mangel an Zuneigung, den sie um jeden Preis anderweitig auszugleichen und zu kompensieren versucht.

Zur Scheidung ihrer Eltern meinte die Schauspielerin einmal: „Es war kein großer Verlust für mich. Ich hatte mich ohnehin schon lange wie eine Halbwaise gefühlt. Außerdem hatte ich meinen Agenten Jules Goldstone und Benny Thau, den Personalchef bei MGM, die beide wie Väter für mich waren. Wenn ich Hilfe oder Rat brauchte, fragte ich sie."

Elizabeth begreift nun allmählich, welche Bedeutung das Kino für ihr Leben hat. Nach einem Streit mit der Mutter hinterlässt sie einen Zettel mit den vielsagenden Worten: „Ich habe lange nachgedacht und mir ist klar geworden, dass Filme drehen mein Ein und Alles ist. Wenn ich damit aufhören würde, ginge es mir wie einem Baum, dem man die Wurzeln abtrennt – ich würde verdorren und schließlich absterben."

Das liebenswerte kleine Mädchen hat sich mittlerweile in eine hübsche junge Dame verwandelt: Ihre Figur nimmt Formen an, ihre Schönheit ist schlichtweg atemberaubend, sodass die Jungs in ihrem Alter sich durch ihren Sex-Appeal regelrecht eingeschüchtert fühlen.

Schließlich bekommt sie ihre erste Titelrolle: Als Hauptdarstellerin in *Cynthia* wird sie zum ersten Mal vor laufender Kamera geküsst. Wie es später noch öfter vorkommen wird, überlagern sich hier erstmals Realität und Fiktion. Die Parallelität geht so weit, dass die Rolle der Cynthia auf eigenartige Weise dem gleicht, was sie zu jener Zeit selbst durchlebt: Von der Außenwelt abgeschirmt, muss Cynthia die Unzufriedenheit ihrer neurotischen Eltern über sich ergehen lassen. Ist es nicht verstörend zu sehen, wie hier unter dem Einfluss Hollywoods eine Jugendliche heranwächst und mehr und mehr der Vorstellung unterliegt, das ganze Leben laufe wie geschmiert und funktioniere wie ein Filmdrehbuch? Tatsächlich bestimmen Einbildung, Illusion und der Zauber des Kinos ihre Realität; ein sehr wackliges Fundament, dessen katastrophale Auswirkungen sich schon bald bemerkbar machen werden. Was Elizabeth allerdings mit viel Weitblick erkennt, ist die Tatsache, dass sie ihre Unabhängigkeit nur erlangen kann, indem sie so schnell wie möglich erwachsen wird: „Nur so kann ich mich von meinen Eltern und von den Studios lösen."

Im Sommer 1947, sie ist 15 Jahre alt, wird Elizabeth im Radio von Louella Parsons interviewt, einer der größten Reporterinnen und Klatschbasen Hollywoods, und sie vertraut ihr den Wunsch an, einmal eine große Schauspielerin zu werden, „vor allem aber, sich einen Mann zu suchen und zu heiraten". Dies sollte sie schon bald in die Tat umsetzen, und sie wird diese „Suche" in ihrem Leben noch einige Male wiederholen. „Ich bin in einer sehr strengen, moralischen Familie aufgewachsen", erzählt sie, „und für mich stand mehr oder weniger fest: Wenn ich mich in jemanden verliebe, dann heirate ich ihn auch." Später sagte sie über diesen Lebensabschnitt einmal: „Ich hatte den Körper einer Erwachsenen und die Seele eines Kindes."

Die Macher in den Studios wollten absolute Kontrolle über das Leben ihrer Stars haben, und sie entschieden, Sara und ihre Tochter für eine Weile aus Hollywood wegzuholen, um die Gerüchte nicht weiter anzuheizen, die die Familie Taylor mehr und mehr umgaben. In der damaligen Zeit sorgten Trennungen und Scheidungen in der Traumfabrik nicht gerade für gute Presse … Nachdem sie den Sommer in London verbracht haben, kehren die beiden nach Los Angeles zurück, wo Elizabeth von der MGM zwei Nebenrollen bekommt, zunächst in *Wirbel um Judy*, dann in *Julia benimmt sich schlecht*, beides recht belanglose Filme. Zu ihrem Geburtstag bekommt sie von ihren Eltern ein Geschenk, das einer amerikanischen Prinzessin durchaus würdig ist: ein nagelneues Cadillac-Kabrio mit goldenen Schlüsseln! Und dennoch fällt Amerikas bezauberndster und verwöhntester Jungstar im Winter 1947/48 in eine besorgniserregende Depression. Weder die teuersten Diamanten noch die großartigsten Geschenke können Elizabeth auf Dauer zufriedenstellen.

Prinzessin Elizabeth im Reich von Nicky Hilton

1948, im Alter von 16 Jahren, ist Elizabeth zu einem sehr attraktiven Mädchen geworden, und sie hat nur noch eins im Kopf: So wie sie es aus all den Filmen kennt, die ihre Bildungsgrundlage darstellen, möchte auch sie ihren Märchenprinzen finden. Eines schönen Vormittags kommt Doris Kearns, ihre PR-Beauftragte, auf einen Brunch zu den Taylors nach Malibu. Sie bringt Glenn Davis mit, einen charmanten 23-jährigen Footballspieler. Und wie es die junge Elizabeth beschreibt, ist es Liebe auf den ersten Blick: „Ich sah ihn an und war sprachlos. ‚Oh mein Gott!', schrie ich in meinem tiefsten Innern, so schön war er." Glenn ist für die Dreharbeiten zu einem Film über seine Karriere als Footballprofi in Los Angeles, muss aber zwischenzeitlich zum Militär, da er im September nach Korea geschickt werden soll. Doris Kearns merkt sofort, dass sich da eine Lovestory anbahnt, die ihrem Starlet eine Menge Aufmerksamkeit bescheren könnte: Glenn verkörpert den perfekten amerikanischen Helden, von dem alle Mädchen des Mittleren Westens träumen, und eine zweijährige Trennung könnte Elizabeth zudem nutzen, um in Ruhe erwachsen zu werden und gleichzeitig ihr keusches Image zu pflegen. Die platonische Romanze dauert schließlich den ganzen Sommer lang, und der schöne Sportsmann trifft voll ins Schwarze, als er seiner Liebsten eines Tages ein Collier mit 60 Zuchtperlen schenkt, mit den Worten: „Ein Filmstar braucht ein richtiges Geschenk."

„Dank" Doris Kearns nimmt das kleine Abenteuer mit Glenn Davis auf einmal beachtliche Dimensionen an und entwickelt sich schließlich zu einer großen Liebesgeschichte, die in der gesamten damaligen Klatschpresse bis ins kleinste Detail ausgebreitet wird. Kurz bevor er sich nach Korea einschifft, schenkt Glenn Elizabeth sein Footballtrikot, und selbstverständlich präsentiert sie sich damit der Presse. Nur ihre Mutter findet an dem hübschen Athleten keinen rechten Gefallen. Ihre Tochter verdient jetzt schließlich sehr viel Geld und sie steht vor einer großen Karriere ...

Elizabeth spielt als Nächstes in *Kleine tapfere Jo* mit, einem abgeschmackten Streifen, in dem sie erneut kaum zur Geltung kommt. Die MGM schickt sie daraufhin nach London, wo sie in *Verschwörer* erstmals eine „erwachsene" Hauptrolle bekommt. Auch wenn dieser Thriller sicherlich kein Meisterwerk ist, so hat er dank der erfrischenden Interpretation Taylors doch eine gewisse Qualität. Auch wenn Elizabeth nie eine richtige Schauspielausbildung genossen hat, wird mehr als deutlich, dass sie im Film- und Theatermilieu aufgewachsen und von den Kinderschuhen an damit vertraut ist. Sie weiß instinktiv, wie sie sich vor einer Kamera platzieren muss, welche Beleuchtung vorteilhaft für sie ist und wie sie ihre sinnliche Figur und ihren verführerischen Blick am besten zur Geltung bringt.

„Ich hatte nie Schauspielunterricht, und rein theoretisch weiß ich gar nicht, wie man das macht: spielen. Ich bin einfach so Schauspielerin geworden, ich spiele aus dem Bauch heraus. Spielen ist in erster Linie eine Frage der Konzentration, und prinzipiell habe ich keinerlei Schwierigkeiten, mich in eine Figur hineinzuversetzen. Normalerweise genügt es mir, am Vorabend dreimal meinen Text durchzulesen, dann gehe ich schlafen und denke nicht weiter darüber nach. Ich sitze nicht stundenlang herum und zerbreche mir den Kopf über diese oder jene Geste. Es hört sich vielleicht komisch an, aber es fällt mir eben leicht, fertig."

In London trifft sie die Queen und lernt – ein Traum geht in Erfüllung! – den großen Michael Wilding kennen. Wilding, ein attraktiver, sehr gebildeter Mann, ist 20 Jahre älter als sie. Er hat bereits mit Hitchcock gedreht und genießt ein großes Ansehen in der Welt des Films. Von der naiven Elizabeth zeigt er sich wenig beeindruckt; er kann ja nicht ahnen, dass er sie ein paar Jahre später um einiges näher kennenlernen wird.

Als *Verschwörer* abgedreht ist, reist Elizabeth mit ihrer Mutter weiter zu einem Schaufensterbummel nach Paris, bevor sie im Februar 1949 wieder in die Vereinigten Staaten zurückkehren. Ihr Vater, der sich mit Sara weitgehend ausgesöhnt hat, stößt in New York zu ihnen, und die „wiedervereinte" Familie fährt nach Florida, um Francis' Onkel Howard Young zu besuchen, bei dem Elizabeth ihren 17. Geburtstag feiert. Hier lernt sie ihren zweiten Verlobten kennen, William D. Pawley Jr., der zehn Jahre älter ist als sie und – ein nicht unwesentliches Detail – aus einer sehr wohlhabenden Familie stammt. Elizabeth erklärt, „unsterblich in die Liebe verliebt" zu sein – wohl dem, der diesen Satz versteht ...

Was nun folgt, erinnert an eine Low-Budget-Seifenoper: Glenn Davis, der mittlerweile eingezogen wurde und in Korea stationiert ist, kommt auf Urlaub nach Kalifornien und fragt, ob er sie in Florida besuchen darf. Die Intrigantin mit den veilchenblauen Augen kann natürlich nicht ablehnen. Daraufhin versammeln sich Journalisten und Fotografen am Flughafen, um an der Sensation teilzuhaben, die sie anschließend in den Medien groß aufbereiten. Es zeigt sich jedoch, dass die rastlose Elizabeth mit ihrem schönen Footballspieler irgendwie nicht mehr viel anfangen kann. So nutzt William Pawley die Gunst der Stunde und macht Elizabeth einen Verlobungsantrag. Sämtliche Klischees eines Macho erfüllend, fordert er als Gegenleistung, dass sie ihre Schauspielkarriere aufgibt, mit der Begründung, weder die Journaille noch die provokanten Dekolletés seiner „zukünftigen Ehefrau" ertragen zu können. Doch Elizabeth lässt sich von seinem Charme einwickeln: Ihr Verlobter sei „heißblütig", „entschlossen" und habe „Charakter", und sie schließt daraus, dass er in der Lage ist, für sie „in vollem Umfang zu sorgen". William verkörpert das Gegenteil ihres Vaters, den sie so kühl, reserviert, passiv findet ...

All das hindert sie jedoch nicht daran, sich im darauf folgenden Monat erneut mit Glenn Davis in Hollywood zu treffen, wo das „Vorzeigepärchen" zur Verleihung der Academy Awards eingeladen ist. Elizabeth betritt in einem fantastischen, tief ausgeschnittenen Kleid die Bühne und überreicht den Oscar für das beste Kostümbild. Im selben Jahr gewinnt sie die Wahl der „America's Junior Miss". Anschließend wird sie auserkoren, als Repräsentantin eines Schmuckherstellers auf einer Veranstaltung aufzutreten; als sie in ihrer Naivität nachfragt, ob sie das 22.000 Dollar teure, mit Diamanten besetzte Diadem behalten darf, muss man ihr erklären, dass dies leider nicht möglich ist ...

Im Juni schenkt William ihr einen Verlobungsring, in den ein riesiger Diamant eingefasst ist, und Sara kündigt in der Presse die Hochzeit für das Frühjahr 1950 an. Elizabeth fügt hinzu, dass sie sich mit ihrem zukünftigen Ehemann in Florida niederlassen will: „In Hollywood hätte man mich immer Elizabeth Taylor genannt. In Miami werde ich Elizabeth Pawley heißen, und ich weiß jetzt schon, dass mir das gefallen wird."

Vom Sommer 1949 an nimmt die gebieterische Haltung ihres zukünftigen Mannes mehr und mehr überhand; glücklicherweise wird Elizabeth im August von der MGM zu einem Dreh bestellt. In *Von Katzen und Katern* spielt sie die Tochter eines schwerreichen Unternehmers, die sich in einen alkoholabhängigen Soldaten verliebt. Als William sie in Kalifornien besuchen kommt, eröffnet sie ihm, dass sie ein Angebot zu einem neuen Film angenommen hat. Ihr Verlobter ist außer sich und fordert von ihr, dass sie ihre „ungesunde" Karriere auf der Stelle beendet. Es entsteht ein Zwist mit weitreichenden Folgen, denn am nächsten Morgen berichtet die Presse bereits vom Ende der Verlobung.

Noch am Abend der Abreise ihres Exverlobten geht Elizabeth, nun wieder Single, ins Mocambo, eine der bekanntesten Diskotheken Hollywoods, wo sie ein Konzert des Sängers Vic Damone besucht. „Ein neues Abenteuer", werden die Skandalblätter titeln. Das Entscheidende an diesem Abend ist jedoch die Anwesenheit eines gewissen Conrad Nicholson Hilton Jr., der sich vom Charme der Filmschönheit verzaubern lässt und schon bald einen sehr wichtigen Platz in ihrem Leben einnehmen wird.

Es ist ja auch einfach unmöglich, von Elizabeth unberührt zu bleiben. Ihre Figur lässt die Männer träumen. Ihre exakten Maße werden in der Presse veröffentlicht: Größe 1,64 Meter, Taillenumfang 57, Brust- und Hüftumfang 90 Zentimeter. Die neue Farbfilm-Technik von Technicolor tut ein Übriges und bringt ihre bräunlich violetten Augen mit den langen schwarzen Wimpern, ihren feinen Porzellanteint und den aufregenden Schönheitsfleck auf der rechten Wange besonders gut zur Geltung. Ganz Amerika ist verzaubert.

Ein weiteres Mal wird Elizabeth von MGM „verliehen", dieses Mal an Paramount. In *Ein Platz an der Sonne*, einer Verfilmung des Romans *Eine amerikanische Tragödie* von Theodore Dreiser unter der Regie des legendären George Stevens, erhält sie eine Hauptrolle an der Seite von Montgomery Clift.

Auf den ersten Blick haben Taylor und Clift nicht viel gemeinsam, von ihrer Schönheit einmal abgesehen. Monty ist ein muskulöser, aber zartbesaiteter Mann mit ernsten psychischen Problemen, während Elizabeth eine frivole junge Frau ist, die sich einfach nur amüsieren will. Und dennoch verstehen sich die beiden von Anfang an sehr gut. Beinahe zu gut, denn schon nach kurzer Zeit verliebt sich Elizabeth in ihren zwölf Jahre älteren Kollegen. Sie ist höchst beeindruckt von den Literaturkenntnissen Clifts, der seine Wände mit Bildern von Rimbaud, Melville, Dostojewski, Baudelaire und Edgar Allan Poe tapeziert hat. Und wahrscheinlich fasziniert sie auch die Schwermütigkeit im Wesen Clifts, der sehr anfällig für Alkoholmissbrauch ist und alle möglichen Tabletten schluckt. Als er ihr eröffnet, dass nur Männer ihn körperlich anziehen, muss Elizabeth sich wohl oder übel damit abfinden. Mit seiner großen Schauspielerfahrung und einer hoch anerkannten Ausbildung im berühmten Actors Studio wird er für sie aber zu einem wichtigen Mentor. Die Kritik ist erneut begeistert von Elizabeths Interpretation der Rolle und lobt die explosive Chemie zwischen den beiden Schauspielern, die sich auf die Leinwand überträgt. Der Film wird auf Anhieb zum Symbol einer neuen wilden und leidenschaftlichen Schauspielergeneration.

Während der Dreharbeiten zu *Ein Platz an der Sonne* macht Nicky Hilton ihr den Hof. Elizabeth verliebt sich Hals über Kopf in ihn. Nicky entstammt einer ungemein wohlhabenden Familie, der die berühmte gleichnamige Hotelkette gehört; er hat viel Geld, sieht gut aus und ist vor allem sehr selbstsicher. Allerdings steht der Frauenschwarm auch in dem Ruf, ein Playboy, Trinker und Spieler zu sein. Er ist Familienvater und zum zweiten Mal verheiratet, und er steht in dem Ruf, Hollywood-Schönheiten gleich reihenweise zu verführen.

Wenngleich Elizabeth auf der Leinwand die aufregende junge Frau verkörpert, die sich der Macht ihrer Reize bestens bewusst ist, so wird sie doch immer noch überallhin von ihrer Mutter begleitet, die für sie die Aufpasserin spielt. Und trotz ihres feurigen Temperaments, ihres scheinbar unerschütterlichen Selbstbewusstseins und ihrer saloppen Ausdrucksweise ist sie doch in vielerlei Hinsicht noch sehr unschuldig und naiv. So erklärte sie rückblickend einmal: „Am Tag meiner Hochzeit war ich noch Jungfrau."

Die Taylors werden ins von Nicky geführte Prachthotel Bel-Air eingeladen und zeigen sich sehr beeindruckt vom Reichtum und der Eleganz des Schmeichlers: Die Hiltons besitzen 16 Hotels mit einem Gesamtwert von 80 Millionen Dollar. Francis hat nichts gegen eine Verlobung, eine Hochzeit knüpft er allerdings an die Bedingung, dass Nicky sich noch so lange geduldet, bis Elizabeth volljährig ist (wird er wirklich drei lange Monate warten müssen?) und außerdem ihren Schulabschluss geschafft hat. Für die Hiltons, die über hervorragende Beziehungen verfügen, ist es keine Hürde, eine etwas verfrühte Abschlussfeier zu inszenieren, auf der Elizabeth ihr „Abschlusszeugnis" erhält.

Am 21. Februar 1950 geben Sara und Francis einen Empfang, auf dem sie die Verlobung ihrer Tochter bekannt geben. Die Hochzeit findet am 6. Mai in der katholischen Kirche Good Shepherd in Beverly Hills statt.

Das Leben von Elizabeth Taylor ähnelt sehr oft und auf frappierende Weise ihren Rollen als Schauspielerin. So wirkt sie kurz vor ihrer Hochzeit mit Nicky Hilton in *Der Vater der Braut* mit, einer sehr gelungenen Komödie des Regisseurs Vincente Minnelli. Sie spielt darin eine junge Frau, die einen Sohn aus reichem Elternhaus heiraten möchte. Für MGM, wo man bekanntlich noch nie davor zurückschreckte, Elizabeths Privatleben zur Vermarktung ihrer Filme auszuschlachten, ist diese Hochzeit ein gefundenes Fressen; die Befürchtungen, eine Heirat könnte ihrer Karriere schaden, sind wie weggewischt. MGM übernimmt auch sämtliche Kosten, und das Brautkleid wird von Elizabeths Kostümbildnerin in den Studios entworfen. Einmal mehr vermischen sich Film und Realität, und es ist unschwer zu durchschauen, dass alles bestens organisiert ist, um den Streifen just nach der Hochzeit in die Kinos zu bringen.

Als der große Tag endlich gekommen ist, drängen sich die Schaulustigen vor der Kirche in Beverly Hills und in den Straßen von Santa Monica. Ordnungskräfte sind im Einsatz, und dennoch droht Chaos, als das Paar sich zu seiner Limousine durchschlägt, die vor der Kirche bereitsteht. 700 Gäste sind zum Empfang ins Bel-Air eingeladen, darunter natürlich die Crème de la Crème Hollywoods. Am nächsten Morgen reisen Elizabeth und Nicky zunächst nach Pebble Beach, bevor sie in die Flitterwochen nach Europa aufbrechen.

Die Anekdoten, die sich um diese Reise ranken, sind indes alles andere als lustig: Nicky verbringt die meiste Zeit mit Zechen und Zocken, und seine Wutanfälle arten dermaßen aus, dass die beiden schließlich in getrennten Betten schlafen. Der schöne Playboy trinkt so viel, dass drei Tage verstreichen, ehe die Ehe vollzogen wird. Als sie in die USA zurückkehren, hat Elizabeth zehn Kilo abgenommen, sieht völlig entkräftet aus und leidet an Migräne und Magenbeschwerden. Aus dem Märchen ist ein Albtraum geworden. Erst Jahre später wird publik, dass Nicky seine Frau regelmäßig geschlagen hat. „Er entpuppte sich als jähzornig, cholerisch und gewalttätig", erzählt Elizabeth, ohne weiter ins Detail zu gehen. Ihre mit blauen Flecken übersäten Arme sprechen eine deutliche Sprache, aber Elizabeth schämt sich so sehr für dieses Scheitern, dass sie sich niemandem anvertraut, nicht einmal ihrer Mutter, von der sie sich langsam aber sicher entfernt.

Der erste Film, in dem sie nach der Rückkehr aus diesen schmerzhaften Flitterwochen mitspielt, ist *Ein Geschenk des Himmels*, eine Fortsetzung von *Der Vater der Braut*, Elizabeth spielt die Rolle einer jungen Mutter. Doch diesmal driften Fiktion und Wirklichkeit auseinander, denn Elizabeth erleidet eine Fehlgeburt und wird aus ihrer ersten Ehe keine Kinder haben.

Nach der pompösen Inszenierung der Romanze und der anschließenden Hochzeit mit Nicky schlachtet MGM nun die unvermeidbare Trennung aus. Der Filmstar wendet sich in einem Trailer an sein Publikum und verkündet: „Nicky und ich haben entschieden, uns zu trennen. Es gibt kein Zurück mehr." Endlich hat sie ein wenig Zeit durchzuatmen und macht mit ihrer Mutter Urlaub in Palm Springs. Anschließend kehrt sie zurück nach Beverly Hills und lebt wieder bei ihren Eltern.

Als Nächstes wird sie für *Die süße Falle* engagiert, obwohl ihre aktuelle Situation weiß Gott nicht zum Originaltitel passt: *Love is Better Than Ever*. Nach Abschluss der Dreharbeiten im Dezember 1950 reicht sie die Scheidung ein und beschuldigt ihren Mann, sie „auf grausamste Art seelisch misshandelt" zu haben. Vor Gericht sagt sie aus, er sei „gewalttätig" geworden und habe ihr gegenüber „schmutzige Ausdrücke" verwendet; sie wagt jedoch nicht, die körperlichen Misshandlungen näher zu beschreiben, denen sie ausgesetzt war. Sie fordert keine Unterhaltszahlungen, möchte aber ihren Geburtsnamen wieder annehmen. Dem wird stattgegeben, und das endgültige Scheidungsurteil erfolgt kurze Zeit später. Für Elizabeth, die noch keine zwanzig ist, ist diese Erfahrung eine Katastrophe; zum ersten Mal ist sie wirklich gescheitert.

Doch sie lässt sich nicht unterkriegen und erholt sich schneller als erwartet von diesem Rückschlag: Die Klatschreporterin Louella Parsons weiß von einem gewissen Stanley Donen zu berichten, dem Regisseur von *Die süße Falle*, der offenbar nicht lange fackelt und Elizabeth eifrig umschmeichelt.

Als Nicky davon erfährt, ist er außer sich vor Wut. Die Regenbogenpresse zitiert ihn mit dem gehässigen Ausspruch: „Jeder Mann sollte einmal in seinem Leben die Chance haben, mit Elizabeth Taylor zu schlafen, und so wie sie sich im Moment aufführt, wird auch jeder diese Chance bekommen."

Die Schauspielerin hasst zwar die Einsamkeit, doch bei ihren Eltern hält sie es auch nicht mehr aus. Sie zieht zunächst ins Gästezimmer ihres Anwalts um, bevor sie sich zusammen mit ihrer Sekretärin und persönlichen Assistentin Peggy Rutledge ein kleines, aber komfortables Apartment in Westwood unweit des Campus der UCLA nimmt. Es ist der Frühling des Jahres 1951, und nach all der nervlichen Belastung hat Elizabeth nun Probleme mit dem Magen. Die Folge: Die Ärzte verschreiben ihr eine Babybreidiät! Sie ist mit den Nerven am Ende, deprimiert, verängstigt und ausgelaugt, und sie raucht so viel wie noch nie. Sie verliert stark an Gewicht und damit auch an Oberweite ...

Die Presse ergeht sich in wilden Spekulationen über eine Verlobung mit Stanley Donen, der von seiner Frau getrennt lebt. Bei MGM betrachtet man diese Entwicklung mit Missfallen; die engen Moralvorstellungen der 1950er Jahre können die Karriere einer für allzu lasterhaft befundenen Künstlerin im Handumdrehen vernichten. Wider Erwarten und trotz ihres ausschweifenden Lebenswandels bietet ihr MGM einen neuen, bis 1958 laufenden Siebenjahresvertrag an, der die stattliche Gage von 5000 Dollar pro Woche vorsieht, von der ihre Mutter weiterhin zehn Prozent einstreicht.

Um den Gerüchten und Skandalen ein für alle Mal ein Ende zu setzen, wird Elizabeth mitsamt ihrem Babybrei von MGM auf die andere Seite des Ozeans geschickt – weit weg von Stanley Donen. In Begleitung von Peggy Rutledge (und zum ersten Mal ohne ihre penetrante Mutter) reist sie nach London zum Dreh von *Ivanhoe – Der schwarze Ritter*, eine aufwendige und sehr kostspielige Verfilmung des Abenteuerromans von Sir Walter Scott. Während der Film ein großer Kassenerfolg wird, bleibt der Auftritt der Schauspielerin, die während der gesamten Drehzeit lustlos und träge wirkt, bestenfalls mittelmäßig.

Ein Märchenprinz mit britischem Phlegma

Im Sommer des Jahres 1951 trifft Elizabeth Michael Wilding wieder, jenen großartigen englischen Schauspieler, den sie so sehr bewundert und schon einige Jahre zuvor kennengelernt hat. Als sie im Oktober in die USA zurückkehrt, geht es ihr – oh Wunder! – plötzlich viel besser. Das älteste Rezept der Welt befolgend, hat sie das Gift mit dem Gegengift bekämpft: Sie hat sich wieder verliebt.

Michael feiert seinen 39. Geburtstag zusammen mit Elizabeth und ein paar Freunden. Er gehört zu den bekanntesten englischen Schauspielern seiner Zeit, nachdem er sich erst am Theater einen Ruf erworben und anschließend im Kino für Furore gesorgt hat. Er sieht gut aus, ist sehr weltgewandt und geistreich, und er gilt als Gentleman und Frauenschwarm. Zu Beginn des Sommers, in dem Elizabeth nach London kommt, trifft sich Michael oft mit Marlene Dietrich, die unsterblich in ihn verliebt ist. Mit der für sie typischen Sturheit setzt Elizabeth es sich in den Kopf, dass sie diesen hinreißenden Gentleman unbedingt haben muss. Dieser aber reagiert ebenso typisch und zeigt sich kühl und distanziert. Ein kleines, aber nicht unwesentliches Detail am Rande ist die Tatsache, dass Wilding immer noch mit Kay Young verheiratet ist (wie Stanley Donen lebt er allerdings von ihr getrennt). Doch Elizabeth lässt sich mitnichten davon abschrecken – ganz im Gegenteil. Michael und Elizabeth könnten unterschiedlicher kaum sein, und genau das zieht sie wahrscheinlich erst recht an, wie sie rückblickend andeutet: „Er verkörperte Fröhlichkeit, Sicherheit, Reife. Alles, was mir selbst fehlte." Und ist damit auch das exakte Gegenteil von Nicky, diesem Schuft.

Michael hält weiter eine vorsichtige Distanz zu ihr, mit der Begründung, zu alt für die junge Schauspielerin zu sein und nichts überstürzen zu wollen. Er hat allerdings nicht mit Elizabeths Dickschädel gerechnet. Im Herbst, nachdem *Ivanhoe* abgedreht ist, kehrt sie in die USA zurück und bezieht eine Suite im Plaza Hotel in New York. Da sie mittlerweile erkannt hat, dass sie die Klatschpresse auch für ihre Zwecke einspannen kann, lässt sie sich zunächst in einem Nachtlokal mit ihrem Freund Montgomery Clift ablichten, dann – und das ist eine noch größere Provokation – posiert sie mit ihrem Exmann während eines Spaziergangs in New England. Michael Wilding sieht die Bilder in den englischen Boulevardzeitungen und beißt sofort an: Rasend vor Eifersucht greift er zum Telefon – der Coup scheint gelungen. Sie bringt ihn dazu, sie zwischen zwei Drehs in Las Vegas zu besuchen. Louella Parsons betitelt ihre Kolumne vom 12. Dezember 1951 mit den Worten: „LIZ GENIESST DAS LEBEN IN LAS VEGAS".

Michaels Frau merkt nun, dass die Situation ernster ist, als es zunächst aussah, und willigt in die Scheidung ein. Als Elizabeth davon erfährt, fackelt sie nicht lange: Am selben Abend, während eines Dinners in einem Edelrestaurant in Los Angeles, schenkt Michael ihr einen mit Diamanten besetzten Ring, allerdings ohne dabei auch nur im Entferntesten an einen Heiratsantrag zu denken. Doch erneut hat er Elizabeths Cleverness und Schlitzohrigkeit unterschätzt. Schmunzelnd erzählte er einmal: „Ich nahm ihre rechte Hand, aber sie zog sie zurück und reichte mir stattdessen die linke. ,Hier gehört er hin', sagte sie und bewegte den Mittelfinger hin und her. Entzückt betrachtete sie den Ring eine Weile und gab mir einen Kuss. ,Dann ist es jetzt also offiziell?', fragte sie, ,Oder muss ich Ihnen etwa noch die übliche Frage stellen? Lieber Mister Unentschlossen, möchten Sie mich heiraten?'" Michael ist schließlich jetzt wieder Junggeselle, und auch die Scheidung der Ehe von Elizabeth und Nicky wird wenig später rechtskräftig.

Um den Ruf ihres Stars zu retten – natürlich nicht, ohne von der Publicity zu profitieren, die dieser neuerliche Skandal erzeugt –, kündigt MGM an, dass Elizabeth Taylor in ihrem nächsten Film an der Seite von Michael Wilding zu sehen sein wird. Doch als sie zur Kostümprobe in die Studios kommt, zeigt sich, dass sie all die Pfunde, die sie verloren hatte, schon wieder auf den Rippen hat. Sie muss sich daraufhin einer drakonischen Crashdiät in Palm Springs unterziehen, um die unerwünschten Fettpolster wieder loszuwerden. Am 17. Februar 1952 lässt MGM offiziell die neuen Heiratspläne verlauten. Elizabeth fliegt zu Michael nach London, und am 21. Februar geben sie sich ganz diskret auf dem Standesamt im Stadtteil Westminster das Jawort. „Ich freue mich, wieder Britin zu sein!", ruft Elizabeth den Schaulustigen zu, die sich zu Tausenden vor dem Gebäude versammelt haben. Am nächsten Tag geht das Paar auf Hochzeitsreise in die Schweizer Alpen.

Eine schlechte Nachricht erwartet die Frischvermählten bei ihrer Rückkehr nach London: Michael erfährt, dass er vier Millionen Pfund Sterling an Steuern nachzahlen muss – das entspricht seinen gesamten Ersparnissen. Auf einmal ist der große Michael Wilding also völlig pleite und finanziell von seiner Frau abhängig.

Im Sommer 1952 bekommt Elizabeth eine Rolle in der MGM-Produktion *Ein verwöhntes Biest*, einem eher enttäuschenden Melodram, das aber dennoch von Interesse ist, da die Geschichte auf dem Leben der Schauspielerin basiert. Elizabeth spielt ein in Tiere vernarrtes Mädchen, das sich in einen gewalttätigen Mann verliebt, eine Anspielung auf ihre erste Ehe. Während der Dreharbeiten stellt Elizabeth fest, dass sie schwanger ist – sie ist bereits im fünften Monat. Kameraleute und Kostümbildnerinnen müssen also ganze Arbeit leisten, um das kleine Bäuchlein zu verstecken, das immer runder wird. Elizabeth und Michael sind überglücklich, wenngleich die finanzielle Situation angespannt ist. Michael bekommt von MGM keine einzige interessante Rolle angeboten, während Elizabeth gezwungen ist, unbezahlten Mutterschaftsurlaub zu nehmen. Da mutet es wie ein Wunder an, dass sie ausgerechnet in diesem Moment auf die 47.000 Dollar zugreifen kann, die sie im Laufe ihrer Karriere verdient hat und die bis zu ihrer Volljährigkeit für sie zur Seite gelegt wurden. MGM schießt den Wildings weitere 28.000 Dollar vor, die ihnen noch fehlen, um ihr Traumhaus in Beverly Hills kaufen zu können. Nachdem sie bei MGM als Bittstellerin auftreten musste, fühlt sich Elizabeth gedemütigt: „Diese Mistkerle! Sie haben mir deutlich zu verstehen gegeben, dass es ein Verbrechen ist, ein Kind zu bekommen, anstatt Filme zu drehen. Ich musste sie auf Knien anflehen. Nie wieder werde ich jemanden auch nur um einen Dollar bitten!" Das Paar lebt vom Sommer 1952 bis zum Frühjahr 1953 ohne Einkommen und richtet sich in seinem neuen Nest gemütlich ein. Das Haus hat drei Zimmer, einen riesigen Garten und beherbergt neben den Wildings – natürlich! – alle möglichen Tiere.

In dieser Zeit der (relativ) mageren Jahre, des Glücks und der Ruhe kommt Anfang 1953 Michael Howard Wilding zur Welt. Elizabeth reagiert erstaunlich gelassen, als man ihr erklärt, dass ein Kaiserschnitt notwendig sein wird. Die Wildings stellen ein Kindermädchen ein, was die Schulden noch vergrößert. Es wird höchste Zeit, wieder ins Studio zu gehen …

Trotz der schwierigen finanziellen Lage laden die Wildings u. a. Spencer Tracy, Gene Kelly, Judy Garland und Errol Flynn zu sich nach Hause ein. Das Essen wird selbstverständlich beim Partyservice bestellt – Elizabeth, ganz Filmdiva und moderne Frau, verschwendet keinen Gedanken an Kochen oder andere Hausarbeiten.

An einem Sonntagnachmittag, am Rand eines Swimmingpools, wird den Wildings ein gewisser Richard Burton vorgestellt, ein 26-jähriger Schauspieler aus Wales, der kurz zuvor in Hollywood gelandet ist. Er ist groß und kräftig, hat eine schöne, sonore Stimme und tritt sehr selbstbewusst auf. Burton, dem schon damals ein sehr großes Talent bescheinigt wird, schrieb später über jene erste Begegnung: „Sie war mit Abstand die reservierteste, schönste, distanzierteste, unnahbarste und unerreichbarste Frau, die ich je gesehen hatte. Sie sprach mit niemandem. Sie las einfach in aller Ruhe ihr Buch. Ob sie schmollte? Ich hatte jedenfalls nicht den Eindruck. Ihr göttliches Antlitz ließ nicht das geringste Anzeichen von schlechter Laune erkennen. […] Die Schönheit ihrer Brüste konnte einem regelrecht Angst machen, sie waren in der Lage, ganze Imperien zu stürzen, bevor sie irgendwann schlaff wurden. Dieser wundervoll geformte Körper war von einem genialen Künstler geschaffen worden." Obwohl er verheiratet ist, fühlt sich der Waliser sofort von der Schauspielerin angezogen, und als sich eine günstige Gelegenheit bietet, spricht er sie schließlich an. Zu seiner großen Überraschung legt die Göttin, die die personifizierte Reinheit zu sein scheint, eine doch eher unfeine Ausdrucksweise an den Tag. Ziemlich verblüfft entgegnet er: „Wie ich sehe, beherrschen Sie die altenglische Sprache perfekt." Burton, der ziemlich überfordert ist, erklärt, dass in seiner Kultur „eine solche Sprache als Zeichen von beschränktem Wortschatz und Mangel an Fantasie angesehen wird". Doch Elizabeth lässt sich davon nicht im Geringsten beeindrucken; sie kippt ihren Whisky hinunter und lässt Burton links liegen. Sie wird ihn fürs Erste nicht wiedersehen.

Die Idylle der Wildings ist trügerisch, denn langsam aber sicher leben sich Elizabeth und Michael auseinander. Die Schauspielerin scheint enttäuscht darüber, dass Michaels Karriere in Hollywood nicht in Gang kommt. Sie wirft ihm vor, nicht mit dem Sohn zu spielen und ihr gegenüber nicht zärtlich genug zu sein. Außerdem hat sie immer größere Probleme, die untätige Haltung ihres Mannes zu ertragen, in der sie Gleichgültigkeit und Kälte zu erkennen glaubt. Eines Morgens, als Michael wieder einmal seelenruhig sein Kreuzworträtsel löst, reißt sie ihm die Zeitung aus der Hand, zerfetzt sie und wirft sie ins Feuer. Und um ihren phlegmatischen Mann noch mehr zu provozieren, fordert sie ihn auf, sie zu schlagen. Doch darauf entgegnet Michael nur, es gehöre nicht zu seinen Gewohnheiten, hysterische Frauen zu schlagen. Außer sich vor Wut wirft sie ihm an den Kopf: „Meine Güte, ich wünschte, du würdest es tun! Dann wüsste ich wenigstens, dass du ein Mann bist und keine Memme!"

Während sie sich mehr und mehr von ihrem Mann entfernt, nimmt sie gleichzeitig wieder Kontakt zu ihrem Freund Montgomery Clift auf, mit dem sie sich nun wieder regelmäßig trifft. Für die Boulevardpresse ist das natürlich ein willkommener Skandal: Sofort werden neue Gerüchte über eine Liebesaffäre gestreut – Mutmaßungen, die natürlich völlig aus der Luft gegriffen sind.

Als die finanzielle Lage der Wildings bedenklich wird, erfährt Elizabeth, dass Vivien Leigh in eine schwere Depression verfallen ist und daher den Film *Elefantenpfad* nicht zu Ende drehen kann. Elizabeth wird daher von MGM an Paramount ausgeliehen, wo die Aufnahmen zu diesem in Technicolor gedrehten Abenteuerstreifen sofort losgehen. Während der Dreharbeiten bläst ein Ventilator ihr einen Metallsplitter ins Auge. Nach einer Notoperation wird sie übers Wochenende zur Erholung nach Hause geschickt, um die Heilung zu beschleunigen. Doch beim Spielen trifft ihr Sohn sie aus Versehen auf demselben Auge, und sie muss erneut ins Krankenhaus. Die Verletzung ist ernst und die Ärzte fürchten schon, sie könnte auf einem Auge erblinden. Wie schon vor ihrem Kaiserschnitt legt Elizabeth auch in dieser Situation eine erstaunliche Gelassenheit an den Tag, und einmal mehr ist sie es, die Michael beruhigt, nicht umgekehrt. Sie besitzt diesen naiven Optimismus, aus dem sie wohl auch die Kraft schöpft, selbst den verzweifeltsten Situationen mutig entgegenzutreten.

Zwei Wochen später ist sie vollständig wiederhergestellt und spielt in *Symphonie des Herzens* mit, einem Melodram, das nach ihren eigenen Worten „niemals hätte gedreht werden dürfen". Anschließend macht sie ein paar Tage Urlaub in Dänemark, bevor sie weiter nach London reist, wo die Dreharbeiten zu *Beau Brummell – Rebell und Verführer* beginnen sollen. Doch sie fühlt sich geschwächt und fängt sich eine Grippe ein. Wieder schlägt die Presse zu: Leidet sie an Depressionen, an nervöser Erschöpfung? Ist sie etwa gelähmt? Wird sie an einem Herzinfarkt oder einer Lungenentzündung sterben? Elizabeth unternimmt nichts, um solcherlei Gerüchte zu zerstreuen, schließlich gilt in Hollywood der Grundsatz: „Es gibt keine schlechte Presse." Nachdem sie sich erholt hat, beginnt sie mit *Beau Brummell*, doch auch dieser Film erweist sich als Enttäuschung. Obendrein muss sie feststellen, dass man ihr im Flugzeug ihren gesamten Schmuck – Perlen, Rubine, Smaragde – gestohlen hat.

Zurück in Los Angeles, bittet man sie, zusammen mit ihrem Mann bei der Oscar-Verleihung aufzutreten und den Oscar für den besten Dokumentarfilm zu überreichen. Mit kurzen Haaren und im eleganten Kleid sieht Elizabeth besser aus denn je. Im Sommer desselben Jahres ist sie erneut schwanger. Die Wildings ziehen nun in ein wesentlich größeres Haus etwas weiter oben in den Hügeln. Die Aussicht über Beverly Hills ist fantastisch, das Haus hat einen eigenen Swimmingpool und ist sehr geschmackvoll eingerichtet. Eine der Wände im Wohnzimmer ist mit Baumrinde verkleidet, und dazwischen wachsen Farne. Elizabeth genießt es, sich ausbreiten und entfalten zu können, sie geht barfuß und lässt überall ihre Sachen liegen, was wiederum ihren ordnungsliebenden Mann auf die Palme bringt. „Ihre Unordentlichkeit war ihre größte Schwäche", wird er später nicht ohne eine gewisse Bitterkeit erklären. Mittlerweile haben sie ihre eigene Köchin, ein Kindermädchen, mehrere Gärtner und eine Sekretärin. Michael ist bei den Rollen, die man ihm vorschlägt, nach wie vor sehr wählerisch; er lehnt fast alle Angebote ab, sodass es weiterhin an Elizabeth ist, genügend Geld nach Hause zu bringen, damit sie sich weiter ihr Luxusleben leisten können.

Zum ersten Mal seit *Ein Platz an der Sonne* bekommt sie wieder eine vielversprechende Rolle angeboten. Es handelt sich um den Film *Damals in Paris* des legendären Regisseurs Richard Brooks, nach der Kurzgeschichte *Wiedersehen mit Babylon* von F. Scott Fitzgerald. Doch leider ist das Ergebnis auch dieses Mal nicht wirklich überzeugend. Die Schauspielerin wird sich noch bis zu ihrem nächsten Film, *Giganten*, gedulden müssen, um ihre Talente endgültig beweisen zu können.

Am 27. Februar 1955, es ist ihr eigener Geburtstag, bringt Elizabeth ihren zweiten Sohn Christopher Edward Wilding zur Welt. Die Geburt verläuft diesmal zwar besser, doch erneut muss ein Kaiserschnitt vorgenommen werden. Während der Erholungszeit werden ihre Gehaltszahlungen erneut ausgesetzt. Umso mehr freut sie sich daher über die Nachricht, dass der geniale George Stevens, unter dessen Regie sie schon in *Ein Platz an der Sonne* gespielt hat, die weibliche Hauptrolle in *Giganten* mit ihr besetzen will. Es handelt sich um eine über drei Stunden dauernde, von Warner Bros. produzierte Western-Saga, deren Handlung einen Zeitraum von 30 Jahren umfasst. Elizabeth spielt darin in einer Anfangssequenz zunächst eine unschuldige junge Frau, um den Film schließlich als schöne alte Dame mit aschblondem Haar zu beenden. Sie ist nun 23, und *Giganten* ist ihr erster wirklich großer Film. Sie bekommt sehr gute Kritiken für ihre fantastische Darstellung, und der Streifen wird zu einem ihrer größten Erfolge. Es ist ihr 25. Spielfilm, und auch die Dreharbeiten setzen neue Maßstäbe: Es sind die längsten und mit die anstrengendsten ihrer Karriere. Der Film wird überwiegend in Burbank gedreht, doch Teile der Aufnahmen entstehen auch vor der Naturkulisse Virginias und in Texas, das Ganze im Hochsommer und bei Temperaturen bis zu 40 Grad im Schatten.

Elizabeth freundet sich dank ihres aufgeschlossenen Charakters schnell mit Rock Hudson und James Dean an, die beide homosexuell sind. Untereinander verstehen sich die beiden Männer überhaupt nicht, sodass Elizabeth entweder mit dem einen oder mit dem anderen zusammen ist; sie trinken oft bis spät in die Nacht und unterhalten sich über persönliche und existenzielle Dinge. Im ganzen Team ist sie die Einzige, die sich gut mit James Dean versteht, diesem 24-jährigen Rebellen mit dem düsteren und gleichzeitig explosiven Gemüt. Sie flirtet mit Rock Hudson und verliebt sich schon bald, doch sie muss hinnehmen, dass ihr Charme und ihre Verführungskünste bei ihm ebenso vergeblich sind wie bei James Dean oder Montgomery Clift.

In einer Zeit, in der Homosexualität noch tabu ist und eine Karriere zerstören kann, ist Elizabeth eine der Ersten, die sich demonstrativ mit dieser Gruppe solidarisiert. „Die Kreativität der Homosexuellen hat uns schon so viele neue Wege gezeigt, in allen Bereichen der Kunst. Ohne die Schwulen würde Hollywood gar nicht existieren!", erklärte sie später einmal, womit sie so manchem ihrer puritanischen Landsleute einen gehörigen Schock versetzte.

Während der Dreharbeiten ist Elizabeth gesundheitlich leicht angeschlagen: Anfangs hat sie Ischiasbeschwerden, später folgen eine Angina und Bauchschmerzen. James Dean, dessen Szenen bereits im Kasten sind, verlässt den Drehort am 26. September. Als Zeichen ihrer Freundschaft schenkt Elizabeth ihm eine Siamkatze. Vier Tage später dann – sie ist gerade dabei, sich die tagsüber gedrehten Filmszenen anzusehen – erreicht sie die erschütternde Nachricht: Zur Feier eines Vertragsabschlusses über neun Filme hat Dean sich einen nagelneuen Porsche gekauft. Bei Paso Robles im Norden von L.A., an der Kreuzung der Highways 41 und 466, rast er in einen Ford. Er ist auf der Stelle tot. Elizabeth ist völlig am Ende und muss ins Krankenhaus eingeliefert werden. Erst zwei Wochen später kann sie in die Studios zurückkehren, um endlich die letzten Szenen einzuspielen.

Die Beziehung der Wildings verbessert sich nicht. Ab dem Herbst 1955 schlafen Elizabeth und Michael in getrennten Betten. Elizabeth hat sich im Vergleich zu ihrer ersten

Begegnung mit Michael sehr verändert. Sowohl persönlich als auch in ihrem Beruf fühlt sie sich bestätigt und hat an Sicherheit gewonnen, während Michael nur noch ein Schatten seiner selbst ist. Niemand interessiert sich mehr für ihn, man belächelt ihn nur noch als „Mister Elizabeth Taylor".

Der Tod von James Dean wird zu einem einschneidenden Erlebnis für Elizabeth, die im Anschluss an die Dreharbeiten zu *Giganten* in eine schwere Depression verfällt. Als sie im Februar 1956 ihren 24. Geburtstag feiert, scheint sie alles nur noch anzuöden. Was sie braucht, ist Leidenschaft, Schwung und Euphorie, und es wird nun immer deutlicher, dass Michael nicht der Mann ist, der ihr diese Bedürfnisse erfüllen kann. Beide gehen nunmehr getrennt aus und werden einander immer fremder. Elizabeth verbringt wieder sehr viel Zeit mit Montgomery Clift, der zwar alkohol- und drogenabhängig ist, für sie jedoch in jener Zeit die einzige Person ist, der sie sich anvertrauen kann. Da sie die verheerenden Auswirkungen der Drogen auf ihren Freund aus nächster Nähe miterlebt, hält sie selbst sich davon fern. Andererseits hat sie aber auch festgestellt, dass sie sehr viel Alkohol verträgt und ihren kompletten Freundeskreis locker unter den Tisch trinken kann.

In ihrer Depression gibt sie sich ausschweifenden Fressgelagen hin, und ihr Körpergewicht nimmt beunruhigende Ausmaße an. Sie hat von nun an ein ernsthaftes Gewichtsproblem, das sie nie wieder loswerden wird. „Ich habe andauernd Appetit", wird sie zitiert, „wenn ich esse, verspüre ich eine unheimliche, beinahe sinnliche Befriedigung." Sie dürstet nach Männern und Unterhaltung, sie trinkt Unmengen Alkohol und stopft sich mit Medikamenten und Essen aller Art voll, als wäre ihr Hunger unstillbar. Montgomery Clift versucht sie vorsichtig auf ihr plötzliches Übergewicht anzusprechen: „Sie war schon fast fettleibig, und wenn sie sich in ein Abendkleid zwängte, sagte ich: ‚Darling, du bist echt eine starke Frau!'" Gutmütig und humorvoll, wie man sie kennt, bricht Elizabeth daraufhin nur in schallendes Lachen aus.

Als Michael seiner Frau mitteilt, dass er eine sehr gut bezahlte Rolle im Musical *My Fair Lady* abgelehnt hat, rastet Elizabeth aus: „Du bist ein Feigling! Der Mann, den ich einmal geliebt habe, ist ein erbärmlicher Feigling!" Michael packt daraufhin sofort seine Sachen zusammen – das ist der endgültige Schlussstrich unter vier Jahre Ehe.

Angesichts eines bevorstehenden Engagements an der Seite von Montgomery Clift in *Das Land des Regenbaums* muss sich Elizabeth erneut einer strikten Diät unterziehen. Auch auf die Gefahr hin, gesundheitliche Schäden davonzutragen, zwingt sie sich dazu, in weniger als zwei Wochen fast zehn Kilo abzunehmen.

Nach einem langen Drehtag lädt Elizabeth noch ein paar Freunde zu sich nach Hause zum Essen ein, darunter Rock Hudson, Kevin McCarthy und Montgomery Clift. Letzterer fühlt sich jedoch ziemlich schlapp und will bald nach Hause. Kevin McCarthy, der vor ihm auf der langen, kurvenreichen Straße den Hügel hinunterfährt, hört plötzlich hinter sich einen heftigen Aufprall. Er kehrt sofort um und findet den Wagen Montgomerys in einen Telegrafenmast verkeilt. Monty murmelt nur noch, dass er am Steuer eingeschlafen sei, dann fällt er ins Koma. Elizabeth kommt den Hügel heruntergerannt und drückt das blutverschmierte Gesicht ihres Freundes fest an sich. Zum Glück sind die Verletzungen nicht ganz so ernst wie befürchtet: Nase und Kiefer sind zwar gebrochen, aber nach zwei Monaten ist alles so gut wie verheilt. Zwei Monate lang liegen deshalb natürlich auch die Dreharbeiten auf Eis. Das eigentliche Problem ist jedoch, dass all die Medikamente und Schmerzmittel den Schauspieler noch tiefer in die Abhängigkeit hineinziehen.

Wie schon in *Kleines Mädchen, großes Herz*, *Ein Platz an der Sonne*, *Damals in Paris* und *Giganten* macht Elizabeth ihre Rolle in *Das Land des Regenbaums* großen Spaß, was dem Film deutlich anzumerken ist. Ihre schauspielerische Leistung ist fantastisch und die Auslegung der Rolle glänzend; insbesondere aber fällt auch das sprachliche Kunststück auf, das sie vollbringt, denn ihr Südstaatenakzent ist einmal mehr außerordentlich überzeugend. Schon bald sollte dieser Zungenschlag übrigens zu ihrem ganz besonderen Erkennungszeichen werden – denn schon bald wird sie eine sehr große Rolle in einem Film verkörpern, dessen Drehbuch auf einem Theaterstück des Südstaatenautors Tennessee Williams basiert.

Ruhm, Skandale, Leidenschaft

Elizabeth ist immer noch mit Michael verheiratet, als sie sich im Frühjahr 1956 in den charmanten jungen Kevin McClory verliebt. Kevin ist Co-Produzent von Mike Todds *In 80 Tagen um die Welt*. Elizabeths Interesse an McClory verfliegt allerdings recht schnell wieder, da die phänomenale Ausstrahlung des berühmten Produzenten mit dem Pferdegebiss und dem übersteigerten Ehrgeiz schon bald alles andere überlagert. Mike Todd bittet seinen Freund, ihn mit Elizabeth bekannt zu machen. Für diesen Anlass mietet er eine Yacht und organisiert eine einwöchige Kreuzfahrt, auf die er die Wildings und ein paar Freunde einlädt.

Mike Todd ist 49 und ein Selfmademan, wie er im Buche steht. Seine Karriere verdankt er einem ausgeprägten Geschäftssinn sowie einer beispiellosen Dreistigkeit, und sein Größenwahn sucht seinesgleichen. Todd wächst in einem jüdischen Viertel in Minneapolis auf und übt zunächst die unterschiedlichsten Berufe aus: Er ist Zeitungsverkäufer, macht eine Lehre zum Drogisten, arbeitet auf dem Bau und sogar im Zirkus ... Er heiratet und stellt schließlich seine erste eigene Varieté-Nummer auf die Beine. Nach anfänglichem Misserfolg und hohen Verlusten gelingt es ihm, am Broadway seine eigene Show aufzuziehen, die ihm einen warmen Geldregen beschert.

Todd setzt alles auf eine Karte und investiert sein gesamtes Geld in die Produktion von *In 80 Tagen um die Welt*, ein äußerst aufwendiger Film, dessen Dreharbeiten sich über mehrere Jahre hinziehen und überall auf der Welt stattfinden. Die Besetzung des Streifens ist sensationell: Todd schafft es, Stars wie Frank Sinatra, Shirley MacLaine, Marlene Dietrich, Buster Keaton, Ava Gardner und Bourvil in einem Film zusammenzubringen. Der Produzent hat so gar nichts vom schönen Äußeren Nicky Hiltons oder der Belesenheit Michael Wildings, vielmehr gleicht er einem dickbäuchigen Lastwagenfahrer. Er redet sehr laut, wirft mit obszönen Ausdrücken um sich und raucht fette Zigarren. Vor allen Dingen aber strahlt er eine absolute Souveränität aus und lässt sich von nichts und niemandem erschüttern. Todd ist ein Lebemann und Genießer, der das Geld mit vollen Händen ausgibt.

Elizabeth schlürft auf seiner Yacht Champagner und lässt sich von der Sonne bräunen, ohne ihrem Gastgeber Beachtung zu schenken. Dieser lebt zwar seit drei Jahren mit der schönen Evelyn Keyes zusammen, lädt die Wildings jedoch nicht ohne Hintergedanken zunächst zu einem Dinner und später zu einem Barbecue ein. Schließlich schickt er Evelyn auf Geschäftsreise nach Paris; dort ruft er sie an und teilt ihr mit, dass er sich in Elizabeth Taylor verliebt hat. Evelyn ergibt sich in ihr Schicksal und wünscht ihm noch viel Glück, dann legt sie auf. Am 19. Juli gibt MGM – offiziell, wie es ja mittlerweile Brauch ist – die Trennung von Elizabeth und Michael bekannt. Bereits am nächsten Tag vereinbart Mike Todd mit ihr ein Rendezvous in den Studios. Elizabeth glaubt zuerst, dass er ihr von einem Filmprojekt erzählen möchte, merkt aber sehr schnell, dass er wegen einer sehr viel persönlicheren Angelegenheit gekommen ist. Rückblickend erzählt sie: „Etwa eine Dreiviertelstunde lang hat er mit sanfter Stimme auf mich eingeredet. Er sagte, dass er mich liebt, dass er nicht aufhören kann, an mich zu denken, und dass er mich heiraten will. Ich habe keinen Mucks gemacht, wie das Kaninchen vor der Schlange. Nicht, dass er mich gefragt hätte; er hat mich einfach vor vollendete Tatsachen gestellt. Er war unwiderstehlich ... Als ich das Büro verließ, wusste ich, dass ich bald Miss Todd sein würde."

Von einem empfindlichen, sensiblen und unterwürfigen Feingeist wechselt Elizabeth also zu einem hartgesottenen, autoritären und rüpelhaften Draufgänger, in den sie sich bis über beide Ohren verliebt. Dieses Schwanken zwischen den Extremen ist übrigens charakteristisch für das Liebesleben der Schauspielerin, die ja immer zwischen einem „richtigen Kerl", wie sie es nennt, und einem „gefühlvollen, zärtlichen und verständnisvollen Mann" hin- und hergerissen ist. Was auch immer das Beste für sie sein mag, bei Mike Todd, mit dem alles so schnell und einfach geht, fühlt sie sich glücklich, glücklicher sogar als je zuvor. Als sie weit weg *Das Land des Regenbaums* dreht, bekommt sie nach Feierabend Besuch von ihrem bösen Buben, der extra in seinem Privatjet anreist, um seiner schönen Prinzessin Schmuck, Blumen und Pelze darzubringen ... Jeden Abend ruft er sie an, und am Tag ihrer Verlobung schenkt er ihr einen 20-karätigen Diamanten. Wie sollte sie alldem widerstehen?

Das Publikum zeigt ihr indessen mehr und mehr die kalte Schulter: Elizabeth Taylor ist immerhin verheiratet und Mutter zweier Kinder, da sollte sie sich doch bitte etwas mehr um ihre Familie kümmern, oder etwa nicht? Die Schauspielerin geht jedoch nicht im Entferntesten auf solcherlei Vorwürfe ein, stattdessen stürzt sie sich mit Leib und Seele in ihre neu gefundene Idylle. Die beiden Frischverliebten scheren sich nicht um die Moral und machen kein Hehl daraus, dass sie ihr Glück voll auszuleben gedenken. Anlässlich eines Dinners bei Eddie Fisher, Todds bestem Freund, sieht der Produzent seine Liebste lange und mit gierigem Blick an, um dann vor versammelter Gesellschaft und mit dem für ihn typischen Feingefühl zu erklären: „Sobald wir hier fertig sind, will ich mit dir vögeln." Ein Ausspruch, den Elizabeth mit ihrem tiefen, kehligen Lachen quittiert …

Am 27. September 1956 sind Elizabeth, Rock Hudson und George Stevens nach Hollywood eingeladen, um vor dem Chinese Theatre ihre Handabdrücke in einer Betonplatte zu verewigen, womit ihre Leistung in *Giganten* endgültig höchste Anerkennung findet. Anschließend fliegt Elizabeth mit Mike nach New York zur Premiere von *In 80 Tagen um die Welt*. Ihr Anwalt rät ihr, sich in Nevada niederzulassen, um den Scheidungsprozess zu beschleunigen. Erneut erklärt sie in der Presse, nach der Hochzeit mit Mike ihre Karriere etwas bremsen zu wollen: „Es ist schwierig, gleichzeitig eine gut funktionierende Ehe zu führen und als Schauspielerin Karriere zu machen. Daher scheint es mir das Beste zu sein, beruflich etwas kürzerzutreten." Gesagt, getan: Nachdem die Dreharbeiten für *Das Land des Regenbaums* abgeschlossen sind, wird sie tatsächlich ein Jahr lang keinen Film drehen.

Am 14. November wird sie vor Gericht geladen, wo sie Michael Wilding, dem Trend der Zeit entsprechend, der „seelischen Grausamkeit" bezichtigt. Auch dieses Mal fordert sie keinen Unterhalt. Zwei Wochen später wird ihr Haus für 200.000 Dollar verkauft, und Elizabeth macht mit Mike erst einmal Urlaub in Florida und auf den Bahamas. Während dieser Ferien passiert es: Sie rutscht aus und stürzt; sie wird in ein New Yorker Krankenhaus eingeliefert, wo man einen schweren Wirbelsäulenschaden diagnostiziert. Und noch etwas stellen die Ärzte fest: Elizabeth ist schwanger.

Sie muss sich einer Knochentransplantation unterziehen und hat im Anschluss starke Schmerzen. Zudem muss sie ein Stützkorsett tragen. Zum Trost schmückt ihr großzügiger Mike ihr Zimmer mit Gemälden von Cézanne, Monet, Utrillo und Cassat im Wert von insgesamt 315.000 Dollar. Für seine hübsche Prinzessin scheut er weder Kosten noch Mühe.

Zwar freut sich Elizabeth sehr über ihre erneute Schwangerschaft, da sie aber noch nicht verheiratet sind, müssen die beiden aufpassen, dass das heikle Geheimnis nicht entdeckt wird. Da die Gesetze in jener Zeit streng sind und das Ehescheidungsverfahren nur schleppend vorankommt, ist Elizabeth offiziell noch immer mit Michael Wilding verheiratet. Im Januar 1957 reist sie daher nach Mexiko, wo alles etwas schneller geht, sodass sie am Samstag, dem 2. Februar, endlich Mike Todd ehelichen kann. Das Fest findet in der mexikanischen Villa eines Schauspielers aus *In 80 Tagen um die Welt* statt, und Mike schenkt seiner neuen Frau ein mit Diamanten besetztes Armband im Wert von 90.000 Dollar. Die Hochzeit wird nach jüdischer Tradition gefeiert und dauert drei Tage, und mit all dem Luxus und den Festlichkeiten hätte sie auch in Hollywood nicht besser inszeniert werden können: Es wird getanzt bis in die Morgenstunden, es gibt Hummer und Kaviar, und der Champagner – Jahrgangs-Champagner, wohlgemerkt – fließt in Strömen.

Direkt im Anschluss verbringen Elizabeth und Mike ihre Flitterwochen am Meer, bevor die Party in den Nachtclubs von New York und Palm Springs weitergeht. Ein Jahr lang wird einfach nur gefeiert. Für Mike und Elizabeth gibt es nämlich keine halben Sachen: Sie lieben und sie streiten sich mit Leidenschaft, sie schreien sich an und schlagen sich, bevor sie sich im Bett wieder versöhnen. Mike selbst sagt, dass sie sich „aus reiner Freude an der Versöhnung" streiten. „Wenn ich wütend werde, schreie ich doppelt so laut wie sie", brüstet er sich, worauf seine Frau mit ihrer gewohnt drastischen Ausdrucksweise entgegnet: „Diese Märchen kann er sich sonst wohin stecken." Eines Tages prangt ein eindeutiges Foto auf den Titelseiten der Klatschblätter: Auf dem Flughafen zeigt Elizabeth ihrem Ehemann eine ausgesprochen vulgäre Geste, nachdem beide heftig aneinandergeraten sind. Debbie Reynolds, die Frau von Eddie Fisher, berichtet, dass Mike seine Frau „verprügelt" und sogar „zu Boden schleudert": „Er hat wirklich heftig zugeschlagen! Elizabeth stieß einen Schrei aus und schlug zurück, und dann ist alles in einen üblen Krach ausgeartet. Mike zog sie an den Haaren durch das Zimmer bis in den Flur, während sie unablässig schrie und ihn mit Schlägen und Tritten malträtierte. Ich rannte hinterher und packte Mike an der Schulter, um Elizabeth zu helfen. Sie ohrfeigten sich gegenseitig, und ich versuchte Mike davon abzuhalten und brüllte ihn an, er solle damit aufhören, aber eine halbe Minute später wälzten sie sich bereits küssend auf dem Boden und vertrugen sich wieder … Beide warfen mir vor, mich eingemischt zu haben … Es lief immer nach diesem Muster ab. Sie liebten es, einen heftigen Streit vom Zaun zu brechen; anschließend versöhnten sie sich und schliefen miteinander."

Im selben Jahr gewinnt *In 80 Tagen um die Welt* den Oscar für den besten Film, was für Mike Todd einen unglaublichen Erfolg und natürlich eine schöne Stange Geld bedeutet.

Eddie Fisher und Debbie Reynolds sind in dieser Zeit die besten Freunde der beiden. Für Eddie ist Mike ein richtiger Held, und es ist schon fast beunruhigend zu sehen, wie er die Handlungen und Gesten seines Kumpels imitiert. Eddie selbst erzählt: „Mike war mein Idol. Ich wollte so sein wie er, niemand war für mich wichtiger und hatte mehr Einfluss auf mein Leben als Mike." Im Mai ist Elizabeths Bauch bereits so rund geworden, dass eine Geburt kurz bevorzustehen scheint – was sie allerdings nicht daran hindert, zusammen mit Mike zu den Filmfestspielen nach Cannes zu fliegen. In Cap-Ferrat mieten sie eine Villa, in die sie auch die Fishers einladen. Eddie ist von Elizabeth merklich beeindruckt. Dann reisen die Todds weiter nach London, wo anlässlich der England-Premiere von Mikes Meisterwerk eine gigantische Party steigt.

Am 6. August 1957 bringt Elizabeth eine Tochter zur Welt, auch dieses Mal per Kaiserschnitt. In guter alter mütterlicher Tradition erhält sie den Namen Elizabeth Frances. Liza, wie sie später genannt werden wird, ist eine Frühgeburt und beginnt erst 14 Minuten nach der Entbindung zu atmen, 14 Minuten, die Mike Todd als „die längsten meines Lebens" beschreibt. Nach zwei Monaten der Erholung setzen die Todds ihre Vergnügungstour rund um den Erdball fort. Ihr Bedürfnis, das Leben auszukosten, zu feiern und ihr Geld zu verpulvern, hält ungebrochen an; nebenbei machen sie Werbung für Mikes Film. In einem Anflug von Größenwahn (vielleicht ist es aber auch nur ganz normaler Wahnsinn) überträgt Mike seiner Frau eine völlig überzogene Mission: Er bestimmt, dass sie – mitten im Kalten Krieg – die Friedensbotschafterin zwischen den USA und der UdSSR werden soll. Mit ihrer Schönheit sei sie schließlich die wirkungsvollste Waffe gegen die Kriegsspiele der Russen … Und ohne die amerikanische Regierung zu informieren, fliegt das Paar nach Moskau, unter der bescheidenen Ankündigung Mikes, seine Frau sei „unsere beste Geheimwaffe" und bringe „das komplette System zum Einsturz", sobald sie in Russland ankomme. Elizabeth lässt ihrerseits die Journalisten wissen, dass sie sehr gern „mit Chruschtschow Tee trinken" möchte. Und das Unvorstellbare wird Wirklichkeit: Am 27. Januar 1958 werden Mike und Elizabeth zu einem Empfang eingeladen, auf dem sie Chruschtschow höchstpersönlich kennenlernen.

Und damit nicht genug: Elizabeth unternimmt nun auch Versuche, die diplomatischen Beziehungen zwischen den USA und China und anderen Ostblockstaaten aufzufrischen. Glücklicherweise geht ihr aber in der überdimensionierten Rolle der selbst ernannten Diplomatin im Auftrag des Weltfriedens schon bald die Luft aus. Sie kehrt an die Côte d'Azur zurück – das Essen, das Klima und die Hotels sind dort schließlich auch wesentlich angenehmer als im Ostblock – und kündigt einmal mehr in der Presse an, nach ihrem nächsten Film ihre Filmkarriere beenden und auf den Erfolg verzichten zu wollen: „Ich habe keine Lust mehr auf das Leben als Filmstar. Ich möchte einfach nur Ehefrau und Mutter sein. 15 Jahre lang war ich Schauspielerin, jetzt möchte ich endlich mein Leben als Frau genießen … Ich denke, es ist die Aufgabe des Familienoberhaupts, das Auto zu fahren, im Restaurant das Essen zu bestellen und die Hosen anzuhaben …"

Eine Aussage, die aus dem Mund einer Frau mit einem so überschäumenden Temperament und einem so eisernen Willen irgendwie unpassend und reichlich paradox wirkt. Und dies umso mehr, als in Wirklichkeit sie diejenige ist, die in dieser Ehe finanziell „die Hosen anhat", denn ihr Einkommen ist um einiges höher als das ihres Mannes – sie weiß davon zwar noch nichts, wird es aber schon bald herausfinden.

Bevor sie sich jedoch ganz ihrer Rolle als brave Hausfrau widmen kann, muss sie sich noch ein wenig gedulden, denn nach all den Ausgaben brauchen die Todds dringend Geld. Elizabeth nimmt daher ein neues Angebot von MGM an und übernimmt die Rolle der Maggie Pollitt in *Die Katze auf dem heißen Blechdach*, eine Adaptation des mit dem Pulitzer-Preis ausgezeichneten Theaterstücks von Tennessee Williams. Der große Bühnenautor sagte später einmal über die Figur der Maggie: „Sie ist die einzige Figur des Stücks, die einen edlen Charakter hat, die einzige, die sich wirklich für die Probleme interessiert. Ich empfand irgendwie Sympathie für sie, ich mochte sie gern, und je länger ich an der Figur arbeitete, desto mehr bezauberte sie mich." Unter der Regie von Richard Brooks wird Elizabeth an der Seite von Paul Newman spielen, und für beide ist es eine der größten Rollen ihrer Karriere; der Film sollte später für insgesamt sechs Oscars nominiert werden.

Elizabeth erhält für diesen Film 125.000 Dollar, und Mike spekuliert darauf, damit seine nächste Produktion zu finanzieren.

Doch da verwandelt sich der Traum erneut in einen Albtraum. Am Freitag, dem 21. März 1958, sind Elizabeth und ihr Mann zu einem Bankett in New York eingeladen. Sie wollen ihren Privatjet nehmen, getauft auf den Namen „Lucky Liz". Da Elizabeth aber stark erkältet ist und außerdem eine harte Drehwoche bevorsteht, entscheidet sie sich im letzten Moment, lieber zu Hause zu bleiben und sich auszukurieren.

Mike steigt also ohne sie in die „Lucky Liz", begleitet nur von zwei Piloten sowie einem Freund. Als sie sich dem Zunigebirge bei Grants in New Mexico nähern, zieht sich der Himmel zu und starker Nebel kommt auf ... Die Maschine stürzt ab. Alle vier Insassen kommen ums Leben. Mike Todd kann nur anhand des Eherings identifiziert werden, der bei dem verkohlten Leichnam gefunden wird. Mike und Elizabeth waren kaum länger als ein Jahr verheiratet.

Als Elizabeth in aller Frühe am nächsten Morgen die Nachricht erfährt, reagiert sie hysterisch, sie schreit, weint, rennt verstört von einem Zimmer ins andere, sodass man ihr ein starkes Beruhigungsmittel verabreichen muss. Bei der Beerdigung, die in einer Kleinstadt im Bundesstaat Illinois stattfindet, bricht sie buchstäblich zusammen; ihr Sekretär und ihr Arzt müssen sie stützen, da sie sich nicht aufrecht halten kann.

Im Alter von 26 Jahren ist Hollywoods verheißungsvollste Schauspielerin also Witwe; über ihre Ehe mit Mike Todd sollte sie später einmal sagen, dass „die Erinnerungen an Mike noch Jahre nach seinem Tod sehr präsent waren". Nach einer Weile nähert sie sich dann aber Eddie Fisher, der Mike auf beinahe krankhafte Weise verehrt hat, und schon bald verlässt dieser seine Frau für Elizabeth.

Alle Welt hatte geglaubt, der verstorbene Produzent sei steinreich gewesen, doch nach seinem Tod muss Elizabeth feststellen, dass dies leider nicht der Fall ist, sondern er im Gegenteil nur ein paar undurchsichtige Konten sowie Steuerschulden hinterlassen hat. Elizabeth hat drei Kinder und ihre Eltern zu versorgen, außerdem muss sie ihre zahlreichen Bediensteten, Sekretäre, Anwälte und Gärtner bezahlen. Sie kann es sich daher nicht leisten, nicht zu arbeiten, und kehrt auf schnellstem Wege ins Studio zurück, um *Die Katze auf dem heißen Blechdach* abzudrehen. Trotz ihrer Trauer und der irrationalen Situation verhält sie sich höchst professionell und spielt eine der besten Rollen ihrer Laufbahn. Der Film wird für Metro-Goldwyn-Mayer zum größten Erfolg des Jahres 1958. Umfragen und Presseberichte bestätigen übereinstimmend: Elizabeth ist zum größten Star Hollywoods aufgestiegen.

Gleichzeitig ist sie aber auch die größte Provokateurin: Es genügt, sich das überall in den USA angeschlagene Filmplakat zu *Die Katze auf dem heißen Blechdach* vor Augen zu führen, das sie ziemlich knapp bekleidet, mit riesigem Dekolleté, an den Beinen nackt bis übers Knie und mit lasziven, sexgeladenem Blick auf dem Bett sitzend zeigt, während Paul Newman im Hintergrund sie gar nicht zu bemerken scheint ... Elizabeth selbst ist die Katze auf dem heißen Blechdach: Die Frau mit dem kindlichen Charme hat sich dieses Mal in eine Femme fatale verwandelt, und von nun an wird dies ihre Paraderolle sein, die ihr tatsächlich wie auf den Leib geschneidert ist. Elizabeth Taylor verkörpert einerseits Sexualität in Reinkultur, andererseits eine tödliche, männermordende Verführerin, eine Kannibalin. Die Verbindung von Sexualität und Tod: ein Thema, welches unweigerlich Entrüstung hervorruft und das im Umbruch befindliche Amerika ordentlich durcheinanderwirbelt.

Nach dem Tod ihres Mannes nimmt Elizabeth stark ab und findet sich von einem Tag auf den anderen auf sich allein gestellt. Auch wenn sie viel Zeit mit Eddie verbringt, so sitzt sie doch abends allein in ihrem riesigen, schweigenden Haus. Eine Erfahrung, die sie so übrigens zum ersten Mal macht: „Ich konnte nicht einschlafen. Also begann ich, Schlafmittel zu nehmen." Sie schüttet beunruhigende Mengen Whisky und Tabletten in sich hinein, und es dauert nicht lange, bis sie von dieser explosiven Mischung abhängig ist.

Höhen und Tiefen im Leben einer fröhlichen Witwe

Eddie Fisher wächst in Armut auf und träumt schon als Kind davon, einmal reich und berühmt zu werden. Und der Traum sollte Wirklichkeit werden: Mit 17 Jahren startet er eine phänomenale Gesangskarriere. 1950 wird er zum Sänger des Jahres gewählt und steigt zum großen Rivalen von Bing Crosby auf.

Ohne echte Leidenschaft und wohl in erster Linie, um seiner Karriere einen Schub zu geben, heiratet er die berühmte Schauspielerin Debbie Reynolds, mit der er zwei Kinder bekommt. Doch das Eheleben mit Debbie langweilt ihn, und so verbringt er seine Zeit lieber mit seinem besten Freund und großen Vorbild Mike Todd. Von Mike lernt er, sein Geld zu verprassen und auf großem Fuß zu leben, wie es sich für einen echten Star gehört. Eddie feiert, säuft und genießt seinen Erfolg, während Debbie, die in einer streng christlichen Familie aufgewachsen ist, trotz ihrer Berühmtheit ein Leben führt, das frommer nicht sein könnte.

Obendrein nimmt Eddie auch noch Kontakt zu einem gewissen Max Jacobson auf, besser bekannt unter dem Namen „Dr. Miracle", ein sogenannter „Arzt", der in den Studios seine Dienste anbietet und seinen Patienten offiziell „Vitamincocktails" verschreibt. Diese „Cocktails" bestehen in erster Linie aus Amphetamin und putschen die Konsumenten dementsprechend auf. Zu jener Zeit existiert noch kein Gesetz, das diese Droge verbietet, und es gibt auch kaum Informationen darüber. Seit 1953 lässt sich Eddie diese mysteriöse Wunderdroge injizieren und lernt bald, sich die Spritzen selbst zu verabreichen. Anfangs ist der Effekt zwar noch euphorisierend, doch schon nach kurzer Zeit machen sich verheerende Auswirkungen bemerkbar: Eddie wird abhängig, braucht stärkere Dosen und hat schreckliche Depressionen, wenn die Droge einmal ihre Wirkung verfehlt. Dank der Spritzen kommt er zwar mit nur wenigen Stunden Schlaf aus, doch die psychischen Folgen eines solchen Lebenswandels sind unschwer zu erraten. 1958, als er die Beziehung mit Elizabeth anfängt, ist Eddie hochgradig drogensüchtig, und es dauert nicht lange, bis er auch süchtig nach dem Filmstar mit den veilchenblauen Augen ist ...

Eine Beziehung, die aus der Trauer und der Verzweiflung heraus entsteht, steht natürlich unter einem denkbar schlechten Stern. Nach vier Jahren Ehe lässt sich Eddie von Debbie Reynolds scheiden und übernimmt den noch warmen Platz seines Kumpels Mike Todd im Bett von Elizabeth Taylor. Die Presse freut sich und beschuldigt Elizabeth, eine „Männerdiebin" zu sein. Die Journaille versäumt es außerdem nicht, ihre Leser daran zu erinnern, dass Eddie mit Debbie zwei Kinder im Alter von ein und zwei Jahren hat. Die neue Verbindung ruft natürlich auch wieder die Sittenwächter auf den Plan, die den Boykott von Eddies Platten und von Elizabeths Filmen fordern. Die Schauspielerin lässt sich davon jedoch nicht beeindrucken und zeigt sich in einem Interview erneut sehr schlagfertig: „Was wollen Sie denn von mir? Soll ich vielleicht allein schlafen?" Und in Anspielung auf einen Monolog der Maggie Pollitt in *Die Katze auf dem heißen Blechdach* setzt sie hinzu: „Mike ist tot, ich lebe noch!" Das Publikum, mit dem wohligen Schauer der Entrüstung, wird Elizabeth nur schwer verzeihen können, schließlich ist sie nunmehr als gefährliche „Ehezerstörerin" gebrandmarkt. Sie bekommt beleidigende Drohbriefe, und die Sensationspresse nutzt die Situation weiter schamlos aus, um sich auf sie zu stürzen. Richard Brooks meinte später, dass sie ohne diesen Skandal, der natürlich zu einem denkbar schlechten Zeitpunkt kam, auf jeden Fall einen Oscar für ihre Rolle in *Die Katze auf dem heißen Blechdach* gewonnen hätte.

Ein neues Angebot flattert ihr ins Haus: In einer sehr aufwendigen Produktion soll Elizabeth die Rolle der Cleopatra spielen. Warum nicht, schließlich ist Cleopatra wie sie selbst eine Frau der Macht, die sich nichts gefallen lässt. Und dementsprechend mobilisiert sie all ihre Kräfte und kämpft wie eine stolze Kriegerin um ihre Gage; herauskommen sollte dabei der bestdotierte Vertrag, den die Kinogeschichte bis dato gesehen hatte.

Anfang 1959 wird in den Medien das Gerücht verbreitet, Elizabeth Taylor leide an starken Depressionen und sei in eine Klinik in Kansas eingeliefert worden. Um derlei Unfug ein für alle Mal ein Ende zu setzen, lädt Elizabeth die Journalisten für den nächsten Tag zu einem großen Empfang ein und spendiert Champagner. Sie durchlebt eine neue Phase der Euphorie, in der sie jedoch innerhalb kurzer Zeit wieder einige Kilo zulegt. Die Presse, namentlich das berühmte Magazin *Photoplay*, bedankt sich bei ihr mit der Schlagzeile „ELIZABETH TAYLOR WIRD IMMER DICKER".

Mike Todd war Jude, Eddie ist Jude: Elizabeth entscheidet sich daher, ebenfalls zum jüdischen Glauben überzutreten. Bei der Zeremonie erklärt ihr der Rabbi, dass ihr hebräischer Name „Elisheva Rachel" lautet: „Mit diesem Namen als Unterpfand gehören Sie nun zum Hause Israel, und Sie übernehmen alle damit verbundenen Rechte, Privilegien und Pflichten." Als der Star noch einen Schritt weitergeht und dem Staat Israel Geld spendet, lässt ein negatives Echo aus der arabischen Welt nicht lange auf sich warten. Ironie des Schicksals: Als sie sich anschickt, *Cleopatra* zu drehen, werden alle ihre Filme in Ägypten auf den Index gesetzt, und die Arabische Liga untersagt die Ausstrahlung sämtlicher Elizabeth-Taylor-Filme in den arabischen Ländern Afrikas sowie des Mittleren Ostens.

Als Eddie einen Monat lang im Tropicana Hotel in Las Vegas auftritt, bezieht Elizabeth ein Luxusdomizil in der Nähe der Großstadt. Eddies Scheidung von Debbie ist mittlerweile rechtskräftig, und das Paar will daher sofort heiraten. Die Zeremonie findet in einer Synagoge in Las Vegas statt. Mit 27 Jahren ist Elizabeth damit zum vierten Mal verheiratet.

Für die Flitterwochen reisen Elizabeth und Eddie nach Europa, wo Elizabeth anschließend für den Film *Plötzlich im letzten Sommer* engagiert ist, der in London gedreht wird. Es ist ihr zweiter Film, dessen Drehbuch auf einem Theaterstück von Tennessee Williams basiert; zum ersten Mal hingegen spielt sie unter der Regie des großen Joseph L. Mankiewicz. Als sie am Set erscheint, redet der Regisseur nicht lange um den heißen Brei herum: „Du hast doch hoffentlich vor, noch ein paar Pfund abzunehmen? Es dürfte keine schlechte Idee sein, die Pölsterchen da ein bisschen zu straffen." Elizabeth wird bewusst, dass sie es mit den schönen Dingen des Lebens mal wieder etwas übertrieben hat; sie beginnt sofort mit einer Diät und schafft es, zehn Kilo abzunehmen.

Das Drehbuch zu *Plötzlich im letzten Sommer* verfasst Tennessee Williams gemeinsam mit Gore Vidal, und Elizabeth Taylor, ihr Freund Montgomery Clift sowie Superstar Katherine Hepburn spielen die Hauptrollen. Am Set liegen die Nerven blank: Clift erscheint sturzbetrunken und mit Drogen vollgepumpt, Williams wird überhaupt nicht mehr nüchtern und Katherine Hepburn steht noch unter dem Schock des Todes von Spencer Tracy. Elizabeth, ihrerseits empört über die Angriffe der englischen Presse, verbietet den Journalisten, sich den Drehorten zu nähern. Ihre Rolle enthält sehr lange, hoch poetische Monologe, und ihre Interpretation ist einfach überwältigend. Eine lange, zwölfseitige Passage nimmt zwei komplette Drehtage in Anspruch, in deren Anschluss Elizabeth völlig erschöpft wiederum zwei komplette Tage im Bett verbringt. Wie man es von ihr gewöhnt ist, identifiziert sie sich zu hundert Prozent mit ihrer Figur, was zur Folge hat, dass sie nach ihrem letzten Monolog in Tränen ausbricht und am Set in sich zusammensinkt. Obwohl sie noch sehr jung ist, hat sie bereits sehr schmerzhafte Erfahrungen gemacht, sie hat gelitten und getrauert, kurz: Sie hat „die ganze Hässlichkeit des Lebens" kennengelernt, wie Tennessee Williams es einmal ausdrückte, und ist daher in der Lage, Figuren zu verkörpern, die vom Leben auf die übelste Weise gequält und zugrunde gerichtet wurden. Sie selbst bezeichnete die Dreharbeiten zu diesem Film einmal als die härtesten, aber auch als die anregendsten ihrer Karriere. Und dennoch bringt ihr auch dieser Film nicht den lang ersehnten Oscar ein, lediglich die dritte Nominierung ist zu verzeichnen. 1959 wird sie von der Presse zur „fünftbesten Schauspielerin Amerikas" gekürt.

Eddie ist zwar immer noch sehr in Elizabeth verliebt, der Druck, den die Medien auf ihre Beziehung ausüben, belastet ihn jedoch zusehends. Elizabeth fühlt sich ihrerseits noch immer stark mit Mike verbunden und trägt auch weiterhin den Trauring aus der vorigen Ehe: „Ich habe ihn nie abgenommen. Am Set durfte ich ihn zwar nicht tragen, aber ich habe ihn mir dann einfach an die Unterwäsche genäht." Eddie, der weiterhin auf Speed ist, versäuft und verspielt horrende Summen in den Casinos von Hollywood. Während Elizabeth zu einem absoluten Superstar aufgestiegen ist, steht ihr Mann zunehmend in ihrem Schatten. Es ist nicht schwer vorauszusehen, dass auch diese Beziehung zum Scheitern verurteilt ist, denn schon beginnen die ersten Streitereien zwischen den beiden. Es ist einmal mehr der Anfang vom Ende.

Als der Produzent von *Cleopatra* sich bei ihr meldet und fragt, ob sie das Angebot annehme, antwortet Elizabeth, dass sie die Rolle sehr gern übernehmen würde – und zwar für die Gage von einer Million Dollar! Zur damaligen Zeit eine nie dagewesene Summe, nicht einmal Marilyn Monroe oder Audrey Hepburn haben jemals so viel für eine Rolle bekommen. Die Bosse bei Fox bieten den Part daher einer anderen Darstellerin an, was Elizabeth dazu bringt, ihre Forderung rückgängig zu machen. Ohne viel an Dreistigkeit einzubüßen, erklärt sie sich nun bereit, die ägyptische Königin „für ein festes Honorar von 750.000 Dollar plus zehn Prozent Beteiligung am Einspielergebnis" zu mimen. Der Presse gegenüber wird der Vertrag bereits als unterschrieben erklärt; ganz so weit ist es allerdings noch nicht, denn als erfahrene Geschäftsfrau verhandelt Elizabeth natürlich weiter.

In der Zwischenzeit wird ihr die Rolle einer Edelprostituierten in *Telefon Butterfield 8* angeboten, der Kinoadaption eines sehr düsteren Romans von John O'Hara. Bevor sie die Rolle letztlich notgedrungen annimmt, zieht sie noch übel über den Film her: „In 17 Jahren Karriere hat man mir noch nie eine so schreckliche Rolle angeboten wie die der Gloria Wandrous. Nie und nimmer werde ich diese kranke Nymphomanin spielen." Ironie des Schicksals: Ausgerechnet mit diesem Film, dessen Drehbuch und Hauptfigur sie so sehr hasst, gewinnt sie ihren ersten Oscar.

Am 28. Juli 1960 akzeptiert Elizabeth schließlich das Vertragsangebot für *Cleopatra* und unterschreibt. Es ist ein sensationelles Ereignis, denn sie hat es geschafft, eine wöchentliche Gage von 25.000 Dollar für die ersten 16 Drehwochen (das macht bereits 400.000 Dollar), von 50.000 Dollar für jede weitere Woche, zehn Prozent Umsatzbeteiligung sowie alle möglichen Spesen und Sonderzahlungen herauszuschlagen, die es ihr ermöglichen, bereits während der Dreharbeiten wie eine wahre Königin zu leben. Nie zuvor ist für eine einzelne Schauspielerin eine solche Summe ausgeschüttet worden. Dem Produzenten bleibt fast die Luft weg: „Sie wird damit locker ihre zwei, drei Millionen kassieren." Er täuscht sich jedoch gewaltig: Am Ende der Dreharbeiten hat Elizabeth mehr als sieben Millionen Dollar verdient!

Die Arbeiten an *Cleopatra* beginnen Ende September in London. Die Rollen von Marcus Antonius und Julius Caesar werden zunächst mit Peter Finch und Stephen Boyd besetzt. Tausende Statisten werden engagiert, die Kulissen sind monumental. Doch das Drehbuch muss immer wieder umgeschrieben werden, das Wetter ist grauenhaft und Elizabeth fühlt sich außerdem ziemlich schlecht. Kurz: Von Anfang an läuft alles schief. Nachdem sie bereits eine Woche ausgefallen ist und noch immer keine Besserung ihres Gesundheitszustands in Sicht ist, wird der persönliche Doktor der Queen gerufen, der schließlich feststellt, dass das Fieber und ihre Kopfschmerzen auf einen vereiterten Zahn zurückzuführen sind. Die Situation verschlimmert sich und der Zahn muss gezogen werden, was eine weitere Woche Verzögerung verursacht. Und dann, als der Dreh endlich beginnen kann und erste Probeszenen eingespielt werden, bittet Elizabeth recht freundlich darum, doch bitte den Regisseur zu wechseln. Sie muss eine weitere Woche pausieren, und die Produzenten raufen sich die Haare: Bereits jetzt hat das Projekt zwei Millionen Dollar verschlungen! Es wird erwogen, die Hauptdarstellerin durch eine andere, billigere und gesunde Schauspielerin zu ersetzen ... Im Januar dann, nach drei völlig verpfuschten Monaten, übernimmt Mankiewicz das Ruder. Keine einzige der vorher gedrehten Szenen wird verwendet, und der Starregisseur lässt das Drehbuch komplett neu schreiben.

Anfang 1961 geht also alles noch einmal von vorn los. Doch die Widrigkeiten reißen nicht ab: Elizabeth ist gerade aus ihrem Urlaub in Palm Springs nach London zurückgekehrt, als sie einen Rückfall erleidet. In den zugigen Londoner Studios holt sie sich eine Lungenentzündung. Die Situation ist wesentlich ernster, als es zunächst den Anschein hat, und der behandelnde Arzt in der London Clinic erklärt, dass sie ohne den vorgenommenen Luftröhrenschnitt „bestenfalls noch eine Viertelstunde gelebt hätte". Sie fällt ins Koma und die Ärzte verkünden bereits, dass sie im Sterben liegt. In den Redaktionen der Klatschmagazine liegen die Titelblätter mit der Schreckensnachricht druckfertig bereit, und eine Presseagentur meldet sogar schon den Tod von Elizabeth Taylor.

Doch sie alle haben nicht mit Elizabeths Willen und ihrer Lebenskraft gerechnet, und ab März geht es ihr langsam besser. Einige Monate später berichtet sie über diese schwierige Erfahrung: „Ich wusste, dass ich kurz davor war zu sterben. In den kurzen Momenten, wo ich bei Bewusstsein war, wollte ich immer nur eine Frage stellen, nämlich ob ich sterben würde und wann, aber ich schaffte es nicht, mich verständlich zu machen. Nur ich selbst hörte mich, ich schrie und rief Gott um Hilfe an. Ich hatte große Angst. Und ich war wütend, denn ich wollte nicht sterben. Von Zeit zu Zeit wachte ich kurz auf, doch dann dämmerte ich sofort wieder weg ins Nirgendwo. Viermal habe ich aufgehört zu atmen, viermal war ich quasi schon tot. Man fühlt, wie man sich langsam entfernt, und man stürzt in einen schrecklichen schwarzen Abgrund. Man spürt, wie die Haut sich langsam von einem ablöst. Aber selbst als ich im Koma lag, ballte ich immer noch die Fäuste, der Arzt hat es mir hinterher erzählt. Er sagte, ich hätte überlebt, weil ich den Kampf nie aufgegeben habe."

Und es stimmt: Elizabeth ist dem Tod gerade noch einmal von der Schippe gesprungen. Was im Übrigen den positiven Nebeneffekt hat, dass sie beim Publikum verlorene Sympathien zurückgewinnt. Als sie das Krankenhaus verlässt, wartet bereits eine riesige Menschenmenge auf sie, und in der allgemeinen Hysterie reißen die Fans beinahe die Tür ihres Rolls Royce ab. Elizabeth hat mehr oder weniger den Status einer Göttin erreicht, was ja auch durchaus der Rolle entspricht, in der sie bald auf der Kinoleinwand für Furore sorgen wird.

Die Verluste, die Twentieth Century Fox mit dieser verfluchten Produktion eingefahren hat, belaufen sich mittlerweile bereits auf 35 Millionen Dollar; es gibt daher kein Zurück mehr. An der Stadt soll es nicht liegen, und daher kehrt man dem unseligen London kurzerhand den Rücken, verschrottet die Kulissen im Wert von 600.000 Dollar und verlegt den Drehort nach Rom, wo man auf ein weniger unwirtliches Klima hofft. Peter Finch und Richard Boyd werden gefeuert und ihre Rollen werden nunmehr mit Rex Harrison (Caesar) und Richard Burton (Marcus Antonius) besetzt.

Richard Walter Jenkins Jr., der spätere Richard Burton, wird 1925 geboren. Er kommt aus sehr einfachen Verhältnissen und ist das zwölfte von 13 Kindern einer walisischen Familie. Wie seine Brüder soll er eigentlich Bergarbeiter werden, doch es stellt sich heraus, dass er über eine einzigartige Stimme sowie ein unvergleichliches Charisma verfügt. Er äußert daher den Wunsch, Pastor oder Prediger zu werden. Infolgedessen wird er auf eine Schule weit weg von der Heimat geschickt, und einer seiner Lehrer, dem sein Talent nicht entgangen ist, weckt sein Interesse fürs Theater. Als er nach Hause kommt, setzt er seine Familie darüber in Kenntnis, dass er Schauspieler werden wird. Um diesen Einschnitt, der sein Leben für immer verändern wird, noch besonders zu markieren, nimmt er sogar den Namen seines Lehrmeisters an und heißt von nun an „Burton". Da sein Vater Alkoholiker ist, schwört er sich, niemals auch nur ein einziges Glas zu trinken – ein hehrer Vorsatz, den er jedoch schon bald aufgeben wird. Er beginnt zunächst mit kleineren Jobs, und mit 22 ergattert er schließlich die erste interessante Rolle. Von da an spielt er in einem Shakespeare-Stück nach dem anderen, er mimt Hamlet, Othello und Heinrich IV. 1951 heiratet er Sybil Williams, die zwölf Jahre lang an seiner Seite bleiben wird. Eine glorreiche Karriere beginnt, und man sieht in ihm einen der größten Shakespeare-Darsteller seiner Zeit. Wenngleich er verheiratet ist, so eilt ihm doch gleichzeitig der Ruf eines Don Juan voraus, was er einmal so kommentierte: „Jedes Mal, wenn ich meiner Frau untreu war, habe ich dabei eine tiefe Schuld empfunden." Er folgt schließlich dem Lockruf des Geldes und geht nach Hollywood: „Die Rolle in *Cleopatra* habe ich vor allem aus Faulheit und Geldgier angenommen." Es folgt die Beziehung mit Elizabeth Taylor, die sicherlich zu den schönsten und intensivsten, aber auch zu den brutalsten Liebesgeschichten Hollywoods zählt.

Während in Italien die Vorbereitungen für den neuen Anlauf zum Dreh des Monumentalepos laufen, verbringt Elizabeth den Frühling in Beverly Hills, wo sie sich – wenn auch nur langsam – von ihren gesundheitlichen Strapazen erholt. Dabei nimmt sie acht Kilo ab, was dem Film durchaus zuträglich sein sollte.

Joseph L. Mankiewicz arbeitet unterdessen wie besessen am Drehbuch von *Cleopatra*. Jeden Tag schreibt er die von Lawrence Durrell, Sydney Buchman und Ronald MacDougall verfassten Entwürfe noch einmal um, mit dem Ziel, seiner weiblichen Hauptdarstellerin noch mehr Kraft und Tiefe zu verleihen. Wie Cleopatra fühlt sich Elizabeth mehr denn je zu einer großen Mission berufen, die der von ihr verkörperten Figur würdig ist: Sie sieht sich als Harmoniestifterin und Botschafterin des Friedens in einer von gegenseitigem Unverständnis und Hass zerfressenen Welt und reist ein weiteres Mal nach Moskau ...

In dieser unruhigen Phase entscheiden sich Elizabeth und Eddie, ein Kind zu adoptieren. Sie inserieren in einer deutschen Zeitschrift, und beinahe postwendend wird ihnen die Adoption eines sechs Monate alten Mädchens angeboten. Im September 1961 bittet Elizabeth ihre Sekretärin, nach Deutschland zu fliegen und den Säugling zu besuchen. Wie sich jedoch herausstellt, ist der Gesundheitszustand der kleinen Petra Heisig instabil, sie ist schlecht genährt und leidet an einer angeborenen Hüftfehlstellung. Am selben Tag beginnt Elizabeth in Rom mit den Dreharbeiten, wo sie von den Leiden des Säuglings erfährt. Sie lässt sich aber keinesfalls von ihrem Plan abbringen, sondern fliegt ebenfalls nach Deutschland, wo sie sofort die nötigen Formalitäten erledigt, um die Adoption umgehend in die Wege leiten zu können. Das Baby wird in die Schweiz gebracht, wo in einer der besten Kliniken schon bald die notwendigen Operationen durchgeführt werden sollen. Elizabeth tauft Petra in Maria um, und an Weihnachten kommt sie schließlich zu ihren neuen Eltern nach Rom.

Die neuen Kulissen von *Cleopatra*, ein Stück außerhalb der italienischen Hauptstadt aufgebaut, sind kolossal. Die Szenen, die im Forum Romanum spielen, werden in der Cinecittà gedreht, die Alexandria-Sequenzen an der Küste, in der Nähe der Torre Astura. Als im September 1961 die Dreharbeiten beginnen, zeigt sich jedoch, dass Mankiewicz erst die Hälfte des Drehbuchs geschrieben hat. Er muss daher tagsüber drehen und nachts schreiben und behilft sich wie Eddie und so viele andere mit Amphetamin: „Ich stand so gegen halb sechs, sechs Uhr morgens auf und schluckte erst mal eine Dexedrintablette." Es geht nur darum, zu funktionieren und einen weiteren Arbeitstag durchzustehen: „Die erste Spritze bekam ich nach dem Mittagessen, damit ich den Nachmittag durchhielt, die zweite nach dem Abendessen, sodass ich noch bis zwei Uhr nachts schreiben konnte, und schließlich eine dritte, um einschlafen zu können."

Königin Elizabeth wird jeden Morgen zwei Stunden lang geschminkt. Schließlich, im Februar 1962, dreht sie ihre erste Szene mit Richard Burton. Wenn man seinen Worten Glauben schenken will, lässt sich Richard – ein Don Juan, wie er im Buche steht – anfangs nicht weiter von ihr beeindrucken: „Alles, was über Elizabeth erzählt wird – dass sie die schönste Frau der Welt ist und dergleichen –, stimmt doch hinten und vorne nicht. Natürlich sieht sie sehr gut aus, natürlich hat sie wunderschöne Augen. Sie hat aber auch ein Doppelkinn, zu große Brüste und zu kurze Beine." Beide kommunizieren zunächst nur über Dritte miteinander. Burton nennt sie „Miss Titten", worauf Elizabeth kontert:

„Ich werde Burtons einzige Filmpartnerin sein, die er nicht rumkriegt." Doch wie im Kino verwandeln sich die gegenseitigen Beschimpfungen und die angebliche Gleichgültigkeit schon bald in heftige Leidenschaft. Die beiden treffen sich immer häufiger, interessieren sich mehr und mehr füreinander und ziehen sich gegenseitig immer stärker an. Richard ist von ihrer Arroganz, ihrer Derbheit und der Wildheit ihres Charakters fasziniert, während Elizabeth an ihm das Leidenschaftliche, die kräftige Stimme und seine große literarische Bildung gefällt – man erzählt sich von ihm, dass er Shakespeare rückwärts aufsagen kann, allein um sein Publikum zu verblüffen! Sie sehen sich nun auch immer öfter beim Mittagessen; sie unterhalten sich sehr lange und trinken dabei unzählige Flaschen Wein. Elizabeth ist anfangs sehr betroffen vom Elend und der Schwermütigkeit, die der walisische Schauspieler ausstrahlt. An ihrem ersten gemeinsamen Drehtag hat Richard einen derartigen Kater, dass er nicht einmal allein seinen Kaffee trinken kann, und Elizabeth muss ihm helfen, die Tasse an die Lippen zu führen: „Das hat mich unglaublich stark berührt, und ich habe mit ihm gefühlt." Mit Richard begegnet Elizabeth jene Hemmungslosigkeit wieder, die sie schon mit ihrem ersten Mann und auch mit Mike Todd erlebt hat: Sie streiten sich wie zwei Besessene, trinken extrem viel, fallen übereinander her, schlagen sich und nehmen sich dann wieder in den Arm ... Wenn Richard anfängt zu trinken, kann es ihm passieren, dass er völlig die Kontrolle über sich verliert und blind auf seine Partnerin einschlägt. So kommt es auch vor, dass man Elizabeth morgens manchmal mit einem blauen Auge oder einer aufgeplatzten Lippe antrifft. „Auf dem Höhepunkt ihrer Beziehung hörten sie gar nicht mehr auf, sich zu prügeln", erzählt beispielsweise Rex Harrison. „Sie verpassten sich gegenseitig die übelsten Veilchen und erschienen am nächsten Tag einfach nicht im Studio." Doch diese ungezügelte Leidenschaft hat ohne Zweifel auch den Effekt, dass am Set eine wahrhaft emotionsgeladene Atmosphäre herrscht. So gehen angeblich die Liebesspiele von Cleopatra und Marcus Antonius auch dann noch weiter, wenn die Kamera schon längst abgeschaltet ist. Die Presse ist natürlich auch dieses Mal bestens informiert und berichtet unverzüglich von dieser neuen Liebschaft, zur großen Verärgerung von Eddie Fisher, der sich zunächst in die Schweiz und anschließend nach Portugal verdrückt. Auch Richards Frau Sybil ist am Boden zerstört (obwohl diese Situation ihr wohlvertraut ist) und besorgt sich ein Flugticket nach New York.

Elizabeth, die immer noch mit Eddie liiert ist, hat sich in den Kopf gesetzt, Richard Burton zu heiraten. Dieser aber bleibt realistisch und entgegnet, dass seine Frau einer Scheidung niemals zustimmen würde. Er geht sogar noch weiter und erklärt Elizabeth, dass es nach einem Monat entfesselter Leidenschaft nun Zeit ist, die albernen Spielchen zu beenden und zum jeweiligen Lebenspartner zurückzukehren. Elizabeth gerät in Panik und schluckt in ihrer Hilflosigkeit noch am selben Abend Unmengen von Schlaftabletten, in der Absicht, ihrem Leben ein Ende zu setzen. Doch sie wird rechtzeitig aufgefunden und im Rettungswagen ins Krankenhaus eingeliefert. Die Filmgesellschaft wird diesen Selbstmordversuch übrigens als simple Lebensmittelvergiftung ausgeben.

Am 27. Februar 1962 feiert Elizabeth ihren 30. Geburtstag. Eddie kommt wieder zu ihr nach Rom und versucht, die Liebe seiner Frau zurückzugewinnen, indem er ihr einen kostspieligen Diamantring schenkt und in einer berühmten Diskothek ein rauschendes Fest für sie organisiert. Elizabeth, der diese Bemühungen sicherlich schmeicheln, lebt nun wieder mit Eddie zusammen. In Wirklichkeit sehnt sie sich jedoch mehr denn je nach Richard Burton, den sie nun auch bittet, ihr als Zeichen seiner Liebe eine Brosche im Wert von bescheidenen 150.000 Dollar zu schenken.

Elizabeth Taylor, Königin von Ägypten und Hollywood

Mitte März 1962 kommt Richard Burton auf ein Dinner zu den Fishers. Sie trinken bis zum Abwinken, und Richard, der sich mit Dramen ja bestens auskennt, will von Elizabeth wissen, ob sie in ihn oder in Eddie verliebt ist. Als sie nicht antwortet, wiederholt er die Frage in einem schärferen Ton. „In dich", stößt sie schließlich hervor, woraufhin Eddie, der wesentlich kleiner ist und gerade mal halb so viel wiegt wie Richard (dieser misst 1,93 Meter bei einem Gewicht von 95 Kilogramm), sich in sein Schicksal fügt und gedemütigt aus Italien abreist. Eine Woche später wird er in eine New Yorker Klinik eingewiesen. Die Tragödie geht weiter, und Elizabeth ist nun guter Hoffnung, die Scheidung durchzusetzen.

Das Skandalpaar mit dem ausschweifenden Lebenswandel wird zum Lieblingsobjekt der Regenbogenpresse und löst schließlich sogar eine ernsthafte politische Debatte im Kongress in Washington aus, wo man die beiden beschuldigt, „weder die amerikanische Flagge noch das amerikanische Volk" zu respektieren: „Ich hoffe doch sehr, dass der Justizminister im Namen aller amerikanischen Frauen die notwendigen Maßnahmen ergreift, sodass endlich entschieden werden kann, ob Frau Taylor und Herrn Burton die Rückkehr in die USA gestattet wird oder ob sie hier nicht doch eher unerwünscht sind", proklamiert Iris Blitch im Repräsentantenhaus. Lobbyisten und die konservative Presse stürzen sich auf die beiden und werfen ihnen vor, für den „moralischen Verfall" der Gesellschaft verantwortlich zu sein.

Im Sommer 1962 neigen sich die Dreharbeiten zu *Cleopatra* dem Ende zu. Mankiewicz rechnet damit, dass der Film alles in allem sieben Stunden dauern wird. Doch die Produktionsgesellschaft ist damit überhaupt nicht einverstanden und schneidet das Material beträchtlich zusammen, sodass am Ende „nur" vier Stunden übrig bleiben. Der Regisseur ist außer sich und will sogar seinen Namen aus dem Vorspann streichen lassen. Obwohl der Film von der Kritik sehr negativ aufgenommen wird, handelt es sich ohne jeden Zweifel um ein Meisterwerk, und Elizabeth Taylor spielt darin so überzeugend wie nie zuvor.

In den zwei Jahren, die nun folgen, leben Elizabeth und Richard weiter in wilder Ehe zusammen und kümmern sich herzlich wenig darum, was das konformistische Amerika wohl über sie denkt. Im Übrigen befinden wir uns mittlerweile in den 1960er Jahren, und die strengen Sitten lockern sich allmählich. Das Duo Infernale gibt sich Alkoholexzessen hin und prügelt sich, ohne sich dabei vor den Medien zu verstecken. Elizabeth und Richard verkörpern jene Lebenswut, die mit James Dean und Elvis ihren Anfang nahm, und sie stehen für jenen Wind der Revolte, der Freiheit und der Exzesse, der nun durch das so pride und verklemmte Amerika fegt. „Ich liebe es, mich mit ihm zu streiten", erklärt Elizabeth. „Es ist wie ein Wettkampf: Wer schreit am lautesten! Man könnte meinen, eine Bombe geht hoch, die Funken fliegen, die Wände wackeln, die Sonne verfinstert sich." Das Paar verströmt eine wilde, dionysische Kraft, und sie räumen mit der Vergangenheit gründlich auf; in Hollywood wird eine neue Ära eingeläutet.

Richard fällt es immer schwerer, seinen Alkoholismus zu kontrollieren. Er hat es sich zur Gewohnheit gemacht, den Tag mit einem halben Dutzend Bloody Marys zu beginnen; ab mittags säuft er dann völlig hemmungslos, allein zum Essen trinkt er manchmal mehrere Flaschen. Sein Bruder erzählt: „Mit Richard zusammen zu sein war lebensgefährlich. Die angenehmen Momente wurden immer wieder von heftigen Wutanfällen und Depressionen unterbrochen; er erkannte einen dann nicht mehr. Man konnte nie wissen, wann bei ihm das nächste Gewitter losbrechen würde." Burton selbst nannte diese depressiven Phasen gerne poetisch seine „walisischen Momente". Zu allem Überfluss schließt sich nun auch die trinkfeste Elizabeth diesem verhängnisvollen Lebenswandel an, was auf lange Sicht nur in einer Katastrophe enden kann.

Trotz der leidenschaftlichen Beziehung mit Elizabeth besucht Richard weiterhin seine Frau. Gegenüber der Presse lässt er sogar verlauten, keinesfalls die Absicht zu haben, Elizabeth zu heiraten. Im Anschluss an *Cleopatra* werden die beiden für den Film *Hotel International* engagiert, der in London gedreht wird und in dem Richard quasi sich selbst spielt, übernimmt er doch die Rolle eines alkoholabhängigen Ehemanns. Zur Besetzung von *Hotel International* gehört übrigens auch Orson Welles. Die Dreharbeiten dauern nur einen Monat und bringen Elizabeth eine Million Dollar ein; Richard erhält die Hälfte. Darüber hinaus werden beide mit 20 Prozent am Einspielergebnis beteiligt, welches sich auf stattliche 14 Millionen Dollar beläuft – insgesamt kassiert das Paar Taylor-Burton also eine Gage, die ihresgleichen sucht und mit der die gesamte Filmindustrie in neue Dimensionen vorstößt.

1963 spielt Richard die Hauptrolle in *Becket*, während Elizabeth fürs Fernsehen einen Dokumentarfilm mit dem Titel *Elizabeth Taylor in London* dreht, eine Art Stadtführung durch die englische Hauptstadt, für die sie erneut fürstlich entlohnt wird. Wirklich attraktive Angebote flattern jedoch vorerst nicht mehr ins Haus. Sie hat daher Zeit, Richard nach Mexiko zu begleiten, wo dieser unter der Regie von John Huston *Die Nacht des Leguan* dreht, einen weiteren Film nach einem Stück von Tennessee Williams.

Der Drehort liegt schwer zugänglich an der Küste und ist nur mit dem Boot zu erreichen. Huston, ebenfalls ein höchst exzentrischer Charakter, hat ein Faible für angespannte, konfliktgeladene Situationen. Er liebt es, seine Schauspieler zu provozieren und Zwietracht zu säen … Und so schenkt er am ersten Drehtag jedem seiner Gäste (er hat Richard Burton, Elizabeth Taylor, Ava Gardner, Deborah Kerr und Sue Lyon eingeladen) eine doppelläufige Derringer-Pistole sowie eine goldene Kugel mit eingraviertem Namen. Und mit einem Augenzwinkern fragt er sie, wer der fünf wohl als Erster abdrücken wird! „Wir kamen uns vor wie in einem Roman von Agatha Christie", erzählte Deborah Kerr später. Kein Zweifel: Dieser Dreh, in der tropischen Schwüle und unter Ausschluss der Öffentlichkeit, verspricht sehr unterhaltsam zu werden.

In jenem Herbst des Jahres 1963 widmet sich Elizabeth voll und ganz Richard und ihren drei Kindern, die sie nach Mexiko begleiten. Jeden Morgen um zehn erscheint sie am Set und bestellt sich erst einmal einen Wodka Lemon oder einen Wodka Martini, bevor sie zu Tequila übergeht. John Huston beschreibt sie in seinem Tagebuch als lediglich „mit einem knappen Bikini und einer grün-weißen mexikanischen Tunika" bekleidet. Und weiter: „Ihre Taille verschwindet unter gewaltigen Speckrollen." Auch Hustons Assistentin erwähnt den provokanten Aufzug der Schauspielerin: „Elizabeth erscheint im Bikinihöschen und in einer durchsichtigen Bluse aus weißem Batist, die mit roten Stickereien verziert ist. Sie trägt keinen BH und gewährt imposante Einblicke."

In dieser feuchtheißen Atmosphäre lassen sich Richard und Elizabeth zu immer heftigeren Trinkgelagen hinreißen, und im Suff beginnt Richard sie zu beschimpfen und zu demütigen. Er wirft ihr vor, schon wieder zugenommen zu haben, und lässt durchblicken, dass sie ihm geistig nicht gewachsen sei. Vor den anderen nennt er sie „Miss Titten", „dickes Hollywood-Baby" oder einfach nur „Dicke" und redet von ihren „Zitzen". Elizabeth kontert mit einem taktvollen „Halt die Fresse!" und nennt ihn einen Säufer. Dann beginnt das Spiel wieder von vorn, es ist wie in einer Endlosschleife. Und irgendwie ist das „Ich lieb dich, ich lieb dich nicht" ihrer Beziehung sehr deutlich zu spüren: „Bevor ich Elizabeth kennenlernte, hatte ich keine Ahnung, was totale Liebe bedeutet", sagte Burton einmal. „Das Dumme ist nur, dass sie auch meine Seele haben will, während ich meine Freiheit brauche."

Ihre an Sadomasochismus grenzende Beziehung, die im Übrigen auch in *Wer hat Angst vor Virginia Woolf?* ihren Ausdruck findet, kommt nun voll zur Entfaltung. Richard Burton sagte einige Jahre später: „Unser Lebensstil war das perfekte Rezept für Selbstmord auf Raten."

In dieser alkoholgeschwängerten Atmosphäre, die durchaus als Vorlage für Malcolm Lowrys Roman *Unter dem Vulkan* hätte dienen können, beschließen Elizabeth und Richard den Kauf einer gigantischen Villa im mexikanischen Puerto Vallarta. Als schon niemand mehr damit rechnet, willigt Sybil Burton schließlich doch in die Scheidung ein – nicht ohne Richard „Vernachlässigung" sowie „grausames und unmenschliches Verhalten" vorzuwerfen. Am 14. Januar 1964 reicht auch Elizabeth die Scheidung ein und beschuldigt ihrerseits Eddie Fisher, sie im März 1962 im Stich gelassen zu haben. Ihr wird das Sorgerecht für die kleine Maria zugesprochen, die bald den Nachnamen Burton tragen wird.

Nach einigen Familienfeiern gehen Elizabeth und Richard nach Los Angeles, wo sie von einer hysterischen Menschenmenge erwartet werden. Sie mieten sich für eine Weile in der „Präsidentensuite" des Beverly Wilshire Hotels ein und reisen dann weiter nach Toronto, wo Richard als Hamlet ein Comeback auf der Theaterbühne gibt. Elizabeth passt sich nun schon seit zwei Jahren dem Leben Richards an, der auf dem besten Wege ist, zu einem internationalen Superstar zu werden.

Nachdem sie inzwischen seit zwei Jahren zusammenleben, feiern sie am 15. März 1964 in der protestantischen Messias-Kirche in Montreal endlich ihre Hochzeit. Richard ist 38, Elizabeth 32. Für die Schauspielerin ist es die fünfte Ehe. Selbstverständlich erscheint sie zur Trauung mit Verspätung, was ihren künftigen Ehemann auf die Palme bringt: „Wo bleibt die alte Schnepfe denn?", poltert Richard, der schon wieder ganz schön einen in der Krone hat. „Selbst zum Jüngsten Gericht wird sie noch zu spät kommen!" Als sie dann endlich da ist, entgegnet sie nonchalant wie immer: „Seit zwei Jahren schlafen wir jetzt schon zusammen. Ich weiß gar nicht, warum du so nervös bist." Und mit demselben beißenden Humor lässt Richard dann die bisherigen Ehen seiner Frau Revue passieren: „Die erste war in jeder Hinsicht ein Fehler. Bei der zweiten war der Altersunterschied einfach zu groß. Die dritte war perfekt, nur ist leider der Mann gestorben. Die vierte war eine absolute Katastrophe. Hoffen wir also, dass die fünfte nicht auch eine wird!"

Damit beginnen zehn lange Jahre der Leidenschaft wie der seelischen Qual, ein Wechselbad der Gefühle.

Diamanten, Chaos, Selbstzerstörung

Die beiden Stars haben so gut wie kein Privatleben mehr, die Fotoapparate, Kameras und Mikrofone der Medien folgen ihnen auf Schritt und Tritt. Ein solcher Druck der Öffentlichkeit ist nicht leicht zu verkraften, sodass das Paar seinen ohnehin schon immensen Alkoholkonsum noch erhöht. Bei einer *Hamlet*-Vorstellung in Boston drehen Teile des Publikums völlig durch, reißen Elizabeth an den Haaren und zerkratzen ihr die Arme und den Rücken. Sie glaubt schon, ihr letztes Stündlein habe geschlagen. Sie trägt einen heftigen Schock davon; erst ein starkes Sedativum, das ihr die Ärzte noch vor Ort verabreichen, beruhigt sie wieder.

Wohl eher aus steuerlichen denn aus sentimentalen Gründen verzichtet sie auf die amerikanische Staatsbürgerschaft, auch wenn sie erklärt: „Nicht, dass mir Amerika nicht gefiele, aber mein Mann ist mir einfach lieber." Eine neuerliche Spitze gegen ihr konservatives amerikanisches Publikum, das sich ohnehin schon schwer tut, Elizabeth ihr lasterhaftes Liebesleben zu verzeihen … Sie isst nun wieder sehr viel und legt erneut ordentlich an Gewicht zu. In der Presse rechtfertigt sie sich ironisch: „Ich muss nur dick genug werden, dann werden mir irgendwann hoffentlich keine Filme mehr angeboten."

Die nächste Rolle kommt dennoch schon bald: Unter der Regie von Vincente Minnelli spielt sie in *… die alles begehren* mit. Auch Richard Burton gehört zur Besetzung und spielt wie schon in *Die Nacht des Leguan* einen Priester, der der Kirche den Rücken kehrt. Trotz des fantastischen Regisseurs und der exzellenten Besetzung wird der Film ein Flop. Aber was soll's, Elizabeth steckt wieder eine Million ein und Richard eine halbe, wie es mittlerweile Brauch ist. „Für eine solche Summe sind wir zu allem bereit", erklärt Richard zynisch.

Das Positive an dieser enttäuschenden Erfahrung ist, dass Elizabeth und Richard während der Dreharbeiten Ernest Lehman kennenlernen, einen der großen Drehbuchautoren Hollywoods (nicht zuletzt schrieb er für Alfred Hitchcock *Der unsichtbare Dritte*). Lehman erzählt ihnen von einem Theaterbesuch, der ihn sehr beeindruckt hat: Er habe das Stück *Wer hat Angst vor Virginia Woolf?* von Edward Albee gesehen, und der Inhalt habe ihm keine Ruhe mehr gelassen. Warum sollte man also nicht auch eine Adaption fürs Kino wagen? Es ist eine großartige Idee, die schon bald Gestalt annehmen wird.

Für die Rolle der Martha muss Elizabeth, die mittlerweile 33 ist, um 15 Jahre „altern"; sie nimmt außerdem nochmals zehn Kilo zu, um die Figur „angemessen zu verkörpern". Richard hingegen passt perfekt zu seiner Rolle: Er spielt den Geschichtsprofessor George, der, ihm nicht unähnlich, Alkoholiker im fortgeschrittenen Stadium ist. Elizabeth handelt eine Gage von 1,1 Millionen Dollar aus, zuzüglich einer satten Umsatzbeteiligung.

Doch einmal mehr wird sie vom Pech heimgesucht. Während eines Parisaufenthalts werden im Hotel ihre Lieblingsschmuckstücke im Wert von 17.000 Pfund entwendet. In Dublin muss sie anschließend miterleben, wie ihr Chauffeur einen Passanten überfährt, der sofort tot ist. Richard, der relativ lange nüchtern geblieben war, fängt wieder an zu trinken. Und schließlich erfährt sie auch noch, dass ihr Vater eine Hirnblutung erlitten hat, und muss den nächsten Flieger nach Los Angeles nehmen.

Als *Wer hat Angst vor Virginia Woolf?* in die Kinos kommt, überschlägt sich die Kritik vor Begeisterung, und der Film gewinnt insgesamt fünf Oscars. Auch Elizabeth Taylor wird ausgezeichnet: Sie gewinnt den Oscar für die beste Hauptdarstellerin. Es ist das zweite und letzte Mal, dass sie bei den Academy Awards mit einem Preis belohnt wird. Die Rolle der Martha war mit Sicherheit eine der herausforderndsten und schwierigsten ihrer Karriere, wie auch Regisseur Mike Nichols bestätigt: „Es war eine sehr harte Rolle. Beispielsweise musste sie Richard ins Gesicht spucken, ihn beschimpfen und sogar schlagen. Der Dreh war derart deprimierend, die Sprache derart roh und vulgär und die Szenen derart brutal, dass die Beziehungen zwischen den Schauspielern unweigerlich darunter litten. Es passiert sehr schnell, dass man Realität und Fiktion nicht mehr auseinanderhalten kann, und man beginnt, sich gegen den anderen zu stellen und sich gegenseitig zu zerfetzen." In diesem sehr intensiven, hitzigen Streifen legt Elizabeth eine unvergleichliche Reife an den Tag; es ist zweifellos ihr bester Film. Wahrscheinlich merkt sie, dass man ihr das beste Drehbuch ihrer Karriere geschenkt hat, und gibt sich daher mit Leib und Seele ihrer Figur hin. Mit 34 Jahren ist sie eine wahre Leinwandgöttin, von nun an gehört sie zu den Größen des Hollywood-Olymps; und das bedeutet auch, dass sie diese Leistung leider nie wiederholen wird.

Anfang 1966 begeben sich Elizabeth und Richard wieder nach England, wo sie zusammen in *Doktor Faustus* spielen, einer Kinoadaptation des berühmten Theaterstücks von Christopher Marlowe. 1967 setzen sie es sich in den Kopf, *Der Widerspenstigen Zähmung* zu drehen – der Film wird leider eine große Enttäuschung. Dennoch unterschreiben sie in ihrem Elan sofort für ein weiteres Filmprojekt: *Die Stunde der Komödianten*, dessen Drehbuch der berühmte Schriftsteller Graham Greene verfasst hat.

Da erreicht Elizabeth aus heiterem Himmel die Nachricht vom Tod ihres Freundes Montgomery Clift, der erst kurz zuvor 45 geworden ist. Sie ist zutiefst schockiert und empfindet eine große Leere. Dennoch möchte sie diese so produktive Schaffensphase nicht unterbrechen und dreht eine Reihe weiterer Filme. *Spiegelbild im goldenen Auge*, eine Cinecittà-Produktion unter der Regie von John Huston nach dem gleichnamigen Bestseller von Carson McCullers, sollte eigentlich Publikum und Kritik gleichermaßen begeistern. Doch trotz des Mitwirkens von Marlon Brando floppt der Streifen. Und auch *Brandung* (1968), in dem Elizabeth und Richard erneut Seite an Seite spielen und dessen Drehbuch Tennessee Williams höchstpersönlich verfasst, enttäuscht die Erwartungen und muss als eher mittelmäßig eingestuft werden.

Elizabeth entfernt sich mehr und mehr von ihren Kindern, die von einer ganzen Armee an Dienern, Hauslehrern und Kindermädchen, jedoch nie wirklich von ihrer Mutter erzogen worden sind. Die Schauspielerin trinkt viel zu viel, und das sieht man ihr auch immer mehr an. Sie will es zwar nicht zugeben, doch die Königin von Hollywood hat Angst vor dem Altern. Um diese Angst zu verdrängen, konsumiert sie, gibt Unmengen Geld aus, kauft und kauft und kauft. In weniger als zehn Jahren verpulvert sie 65 Millionen Dollar. Doch die Geschäfte laufen weiterhin bestens, und das Glamourpaar gründet zur Ausweitung seines Imperiums nun sogar eine eigene Firma: Taybur – *Tay*lor-*Bur*ton. Taybur investiert unter anderem in Pariser Luxusboutiquen und schlägt auf dem weltweiten Immobilienmarkt zu. Man kauft mehrere Rolls-Royces, Gemälde von Rembrandt, Van Gogh, Picasso, Monet, Utrillo, einfach alles, was einen guten Verkaufswert hat. Außerdem leistet man sich – wenn schon, denn schon – eine Luxusyacht, einen Privatjet und einen Hubschrauber. Richard überschüttet seine Gattin mit Diamanten und Pelzmänteln. So schenkt er ihr beispielsweise einen Cartier-Diamanten im Wert von eineinhalb Millionen Dollar. In die Einfassung lässt er die folgenden Worte gravieren: „Ich werde Dich lieben bis zum Tod." Es handelt sich um den größten Diamanten, der jemals von einer Privatperson erworben wurde. „Der Stein ist ganz schön sperrig", erzählt Elizabeth nicht ohne Stolz. „Wenn ich ihn tragen möchte, müssen mich immer zwei Leibwächter begleiten." Dies ist eine Auflage der Versicherung, die selbst natürlich auch ihren Preis hat.

Medien und Öffentlichkeit prangern die beiden erneut an und werfen ihnen anstößiges und obszönes Verhalten vor. Elizabeth kommentiert das gewohnt lakonisch: „Ich weiß sehr wohl, dass ich vulgär bin. Aber genau das erwarten Sie doch auch von mir, oder etwa nicht?" Wenngleich die beiden nun endgültig Alkoholiker sind, so kassieren sie für ihre Filme weiterhin Gagen in Millionenhöhe. Dennoch hat es den Anschein, dass das Taylor-Burton-Imperium sich unaufhaltsam seinem Untergang nähert; man fühlt sich an *Wer hat Angst vor Virginia Woolf?* erinnert, deutet doch vieles darauf hin, dass das Paar seine besten Zeiten hinter sich hat und nur noch von einer längst im Niedergang begriffenen Vergangenheit zehrt.

1968 dreht Elizabeth *Die Frau aus dem Nichts*, ein Film, den man getrost übergehen kann. Dasselbe gilt auch für *Das einzige Spiel in der Stadt*, in dem sie an der Seite Warren Beattys zu sehen ist. Das Gefühl, vergänglich zu sein, verstärkt sich, als Elizabeth starke Unterleibsschmerzen bekommt, woraufhin ihr die Gebärmutter entfernt werden muss. Die Operation zieht ernsthafte Komplikationen nach sich, und einmal hört Richard sie sogar vor Schmerzen schreien. Die Genesung zieht sich lange hin, und Elizabeth durchleidet erneut eine Phase tiefer Depression. Sie ist gerade erst 36 geworden, doch auf einmal fühlt sie sich sehr alt. Wieder nimmt sie stark zu, außerdem leidet sie unter heftigen Rückenschmerzen. Der Teufelskreis geht weiter; erneut werden ihr schmerzstillende Mittel in starker Dosierung verabreicht, von denen sie wiederum abhängig wird. Anfangs sind es noch einfache Tabletten, doch es wird nicht lange dauern, bis sie extrem hohe Dosen benötigt und schließlich zu weitaus gefährlicheren Stoffen greift.

Im November 1968, sie weilt gerade in Paris, erfährt Elizabeth vom Tod ihres Vaters, der eines Morgens einfach nicht mehr aufgewacht ist. Sie fliegt zur Beerdigung in die USA und ist nach sechs Tagen wieder zurück in Paris. Sie hat sich ihrem Vater nie wirklich nahe gefühlt und zeigt sich entsprechend wenig berührt. Als einige Monate später auch ihr erster Mann Nicky Hilton stirbt, wird ihr langsam unheimlich: Auf einmal geht der Sensenmann um und weckt bei Elizabeth die schrecklichsten Dämonen. Vollgestopft mit Drogen und praktisch ständig betrunken, geht es ihr immer schlechter. Richard Burton, der seine Abhängigkeit etwas besser im Griff zu haben scheint als seine Frau, kommentierte ihren Zustand wie folgt: „Sie hatte immer ein Glas in der Hand. Besonders schlimm war der Moment unmittelbar nach ihrer abendlichen Spritze, wenn sie in benebeltem Zustand nur noch vor sich hindämmerte." Vollständig depressiv, hat Elizabeth keine Lust mehr am Leben und interessiert sich für überhaupt nichts mehr, weder fürs Kino noch für ihren Ehemann und auch nicht für ihre Kinder.

Anfang 1969 nimmt sie einen ersten Anlauf und begibt sich in eine Entziehungsklinik, mit dem festen Vorsatz, sich von ihrer Medikamentensucht heilen zu lassen. Sie muss mehrere Untersuchungen über sich ergehen lassen, und dabei stellt sich heraus, dass ihre Leber in erbärmlichem Zustand ist. In seinem Tagebuch schreibt Richard, dass seine Frau sich jeden Abend betrinkt, bis sie schließlich „völlig betäubt herumtorkelt, unverständliches Zeug stottert und lallt wie ein Säugling."

Als sie im März aus der Klinik entlassen wird, fährt sie mit Richard nach Mexiko, wo sie in ihrer Villa wohnen. Ihre Kinder reisen aus Hawaii an, um sie zu besuchen. Doch die Stimmung ist alles andere als friedlich: Beide Eltern sind ständig betrunken und streiten sich pausenlos. Die Kinder, die mittlerweile im Teenageralter sind, finden das Verhalten ihrer „Eltern" lächerlich und ziehen es vor, die Zeit in ihren Zimmern vor dem Fernseher zu verbringen.

Wie zwischen George und Martha, so herrscht auch zwischen Richard und Elizabeth Krieg. Als Richard vor versammelter Gästegesellschaft erklärt, dass seine Frau niemals ein Leben ohne Alkohol führen könnte, fährt Elizabeth ihn gehässig an: „Ich habe nur den einen Wunsch: dass du nicht mehr Teil meines Lebens bist!" Auch die Beziehung zu ihrer Mutter ist sehr angespannt und ihre Gespräche enden jedes Mal unweigerlich im Streit. Anfang 1970 muss Elizabeth erneut ins Krankenhaus, um sich Hämorrhoiden entfernen zu lassen. Wieder verläuft die Operation nicht reibungslos und sie bekommt erneut Schmerzmittel; sie fällt in ihre Abhängigkeit zurück. Richard vollbringt währenddessen ein Wunder: Er schafft es, 140 Tage lang keinen Tropfen Alkohol anzurühren!

Im Oktober heiratet Elizabeths 17-jähriger Sohn Michael in London. Die Schauspielerin fliegt nach England und schenkt dem jungen Paar einen Jaguar sowie ein Haus in der englischen Hauptstadt. Anfang 1971 dreht sie *X, Y und Zee*, einen ihrer schlechtesten Filme. Ein paar Monate später, sie ist nun 39, erfährt sie, dass sie Großmutter geworden ist. Als sie nach London reist, um ihre Enkelin zu besuchen, stellt sie fest, dass sich das Hochzeitsgeschenk in eine Hippiekommune verwandelt hat. Michael, dessen Kindheit vom Luxus und der Gleichgültigkeit seiner Mutter geprägt war, rebelliert nun gegen jegliche Form von Materialismus: „Das Leben meiner Mutter kommt mir genauso unwahrscheinlich vor, wie es dem Rest der Bevölkerung erscheinen muss. Ich habe mit ihr nichts zu tun. Der ganze Schmuck, all die Diamanten, das ödet mich einfach nur an." Ihr Sohn stellt sich völlig gegen sie, folgt gegenteiligen Wertmaßstäben und schließt sich der Philosophie der Gegenkultur an. Er macht Rockmusik und wird schon bald von der Polizei festgenommen, da er bei sich zu Hause Marihuana anbaut.

Elizabeth dreht lustlos ein B-Movie nach dem anderen. 1972 feiert sie ihren 40. Geburtstag und organisiert mit der Hilfe ihres Mannes eine riesige Party in einem Hotel in Budapest, wo Richard gerade *Blaubart* dreht. Unter den Gästen sind auch Michael Caine, Ringo Starr und Grace Kelly. Richard hält an dem Abend zwar noch durch und trinkt nur Wasser, doch seine Abstinenz ist insgesamt nicht von langer Dauer. Ende 1972 verfällt er wieder in alte Gewohnheiten, und zwar heftiger denn je: Er trinkt nun bis zu drei Flaschen Wodka pro Tag und ist nur noch ein körperliches Wrack. Dies hindert ihn allerdings nicht daran, genau wie die Filmfigur mit sämtlichen jungen Mädchen zu flirten, die sich am Set von *Blaubart* tummeln.

Die Dreharbeiten sind der reinste Albtraum, wie es auch der Regisseur des Films schildert: „Richard verließ das Studio abends sternhagelvoll, und fast immer kreuzte er morgens auch in demselben Zustand wieder auf ... Trotzdem verliebten sich alle seine Partnerinnen in ihn – mit Ausnahme von Virna Lisi –, und nachdem Elizabeth aus Budapest abgereist war, hatte sicherlich keine von ihnen Langeweile." Der berühmte amerikanische Fernsehmoderator David Frost kommt wenig später nach Budapest, um mit Richard und Elizabeth ein langes Interview zu führen. Zwei Stunden lang muss das Publikum vor den Bildschirmen zwei vom Alkohol benebelte Gestalten ertragen, die träge in ihren Sesseln hängen und wirres, zusammenhangloses Geschwafel von sich geben – ein wahrhaft jämmerliches Spektakel.

Diese Phase der Selbstzerstörung hindert Elizabeth gleichwohl nicht daran, eine ganze Serie fader Streifen zu drehen: Auf *X, Y und Zee* folgen *Hammersmith ist raus* (1972), *Die Nacht der tausend Augen* (1973) und *Die Rivalin* (1973), ganz zu schweigen vom Fernsehfilm *Seine Scheidung, ihre Scheidung*. Es kommt aber noch schlimmer: Richard, der Elizabeth zehn chaotische Jahre lang die Treue gehalten hat, verabredet sich für ein romantisches Wochenende mit einer gut aussehenden jungen Schauspielerin, die er während der Dreharbeiten zu *Blaubart* kennengelernt hat. Ein sehr kritischer Moment ihrer Beziehung, den Richard später so kommentierte: „Als ich mich auf einmal wieder von anderen Frauen angezogen fühlte, wusste ich, dass es vorbei war." Aufgebracht reist Elizabeth nach Rom ab, wo sie ihren Freund Aristoteles Onassis trifft. Abends ruft sie ihren Mann an und befiehlt ihm, „dieses Mädchen da aus dem Bett zu werfen".

Beide treffen sich schließlich wieder und setzen ihren „Krieg" beharrlich fort, bis Richard eines Tages – nachdem sie sich wieder einmal heftig in die Wolle gekriegt haben – seine Frau auffordert zu gehen. Es ist der Tropfen, der das Fass zum Überlaufen bringt, und Elizabeth reist daraufhin tatsächlich ab. „Ich forderte sie auf zu gehen, und zu meiner Überraschung gehorchte sie", erzählt Burton. „Ich traute meinen Augen nicht! Ich war mir sicher, dass sie am nächsten Morgen wieder zurückkommt, aber da täuschte ich mich gewaltig."

Zehn Jahre der Zerstörung und der Selbstzerstörung liegen nun hinter ihr, und Elizabeth fühlt sich bereit, einen Schlussstrich zu ziehen. Natürlich lernt sie sofort wieder einen Mann kennen, einen gewissen Henry Wynberg, in den sie sich „verliebt". Wynberg ist Autohändler, hat ein ziemlich lockeres Mundwerk und feiert mit Elizabeth nächtelang durch. „Die Liebe ist für mich förmlich zu einer Droge geworden", erklärt Elizabeth einem Journalisten. Aber was versteht sie eigentlich unter „Liebe"? Leidenschaft vielleicht? Das würde ja auf der Hand liegen ... Oder eher, selbst bedingungslos geliebt zu werden, bis zur unabwendbaren Zerstörung des gemeinsamen Glücks? Wie dem auch sei, in der Presse verkündet sie jedenfalls im Stile einer großen Rednerin offiziell ihre Trennung von Richard Burton: „Ich bin mir sicher, dass es am klügsten und auch am konstruktivsten ist, wenn Richard und ich für eine Weile getrennte Wege gehen. Vielleicht haben wir uns zu sehr geliebt."

Man schreibt immer noch das Jahr 1973, als Elizabeth nach Rom fliegt, wo sie *The Driver's Seat* dreht, auch bekannt unter dem Titel *Identikit*. Noch eines dieser mittelmäßigen B-Movies ... Während der Aufnahmen erklärt sie einem Journalisten: „Wir arbeiten nach einer völlig neuartigen Methode: Wir drehen ohne richtiges Drehbuch." Auch Richard ist in der italienischen Hauptstadt und spielt in *Die Reise nach Palermo*. Vittorio de Sica führt Regie, und Burtons Partnerin ist die schöne Sophia Loren, was Elizabeth natürlich nicht kalt lassen kann. Obwohl ihr neuer Begleiter Henry Wynberg bei ihr in Rom ist, feiert sie Silvester lieber mit Richard; wenig später erklärt sie in der Presse, sie hätten sich wieder versöhnt. Der Wahnsinn geht also weiter. Sie reisen zunächst nach Mexiko und anschließend aufs Land nach Kalifornien, wo sie ihren zehnten Hochzeitstag feiern. Richard dreht dort *Verflucht sind sie alle*, zusammen mit einem gewissen Lee Marvin, auch er ein Gewohnheitstrinker. Sie schütten literweise Wodka in sich hinein, und Elizabeth lässt sich mitreißen. Es folgen die üblichen Streitereien und Beschimpfungen, mit anderen Worten: Die Normalität hält wieder Einzug. Bis Richard schließlich zuerst mit einer 18-Jährigen und dann mit einer verheirateten Frau schläft ...

Was zu viel ist, ist zu viel. Elizabeth packt erneut ihre Koffer und fliegt nach Los Angeles, wo bereits ihr geliebter Henry Wynberg auf sie wartet, der immer für sie da ist, wenn sie ihn braucht. Richard wird unterdessen ins Krankenhaus eingeliefert; die Ärzte stellen eine hochgradige Schädigung der Leber und der Nieren fest. Man setzt ihm auseinander, dass er sofort mit dem Trinken aufhören müsse, da er ansonsten nur noch maximal sechs Monate zu leben habe. Der hartgesottene Richard nimmt die Bedrohung jedoch nicht ernst und pfeift auf die guten Ratschläge. Er bleibt seinem Lebenswandel treu und stirbt im Übrigen erst zehn Jahre später.

Im April 1974 verkündet der Anwalt der Burtons vor internationalen Pressevertretern, das Paar habe sich entschlossen, sich nach zehn Jahren Ehe zu trennen und ein Scheidungsverfahren einzuleiten. Zwei Monate später wird die Scheidung rechtskräftig.

Der Niedergang eines Königreiches

Der Film zum Leben Elizabeths könnte nunmehr den Titel *Vier Hochzeiten und ein Todesfall* tragen: Im Alter von 42 Jahren ist sie die Witwe Mike Todds, und sie ist von Nicky Hilton, Michael Wilding, Eddie Fisher und nun auch von Richard Burton geschieden.

Von 1975 an spielt Henry Wynberg keine größere Rolle mehr in ihrem Leben. Elizabeth kann sich nämlich weiterhin nicht von ihrem Exmann losreißen, was dieser wie folgt bestätigte: „20 Minuten nach dem Urteilsspruch rief sie mich an und fragte: ,Richard, glaubst du, es war die richtige Entscheidung?'" Zudem hat Wynberg seinen Status des neuen Märchenprinzen leichtfertig verspielt, denn er wird angeklagt, vier Kilometerzähler manipuliert zu haben, und erhält eine dreijährige Bewährungsstrafe. Dennoch begleitet er Elizabeth in die UdSSR, wo sie unter der Regie von George Cukor und an der Seite von Jane Fonda *Der blaue Vogel* dreht. In Moskau fängt sie sich erst eine Grippe, dann eine Amöbenruhr ein. Am Ende der Dreharbeiten bekommt sie aus der Schweiz ein Telegramm von Richard, der sie bittet, zu ihm nach Gstaad zu kommen und „noch mal in Ruhe über alles zu reden". Ohne zu zögern macht sie sich auf den Weg; der ihr ergebene Wynberg begleitet sie anfangs noch, wird aber schon bald in die Wüste geschickt. Richard hat vorübergehend mit dem Trinken aufgehört, doch seine Nüchternheit sollte nicht von Dauer bleiben.

Ein paar Tage später erklären Elizabeth und Richard in der Presse, sie könnten ohne den anderen nicht leben und wollten es daher noch einmal miteinander versuchen. Direkt im Anschluss reisen sie nach Südafrika, Italien, Israel und schließlich nach Botswana, wo sie erneut heiraten.

Im November fliegen sie nach London, um Richards 50. Geburtstag zu feiern. Die Gäste staunen nicht schlecht, als sie Richard den ganzen Abend lang nur Wasser trinken sehen. Elizabeth fühlt sich in der englischen Hauptstadt nicht besonders wohl; sie hat Rückenschmerzen und muss erneut ins Krankenhaus.

Schon sehr bald finden Richard und Elizabeth in ihren gewohnten selbstquälerischen Rhythmus zurück: Richard betrügt sie mit einem blonden englischen Mannequin, und Elizabeth rächt sich, indem sie mit dem nächstbesten Mann ins Bett geht. Es handelt sich um einen gewissen Peter Darmanin, den sie in einer Diskothek aufgegabelt hat und an dem sie sich nun abreagiert: Sie beschimpft ihn und schlägt ihn, er trägt eine geplatzte Augenbraue davon. Als er einen Monat darauf auch noch von einem ihrer Hunde gebissen wird, hat er genug und packt lieber seine Koffer, bevor die Situation endgültig ausartet. Einem Journalisten berichtet er: „Liebe mit Elizabeth Taylor – das ist wirklich alles andere als ein Vergnügen."

Zurück in Kalifornien, trifft Elizabeth den getreuen Wynberg wieder, mit dem sie ihren 44. Geburtstag feiert. Doch ihre Beziehung findet schon bald ein jähes Ende, denn der kleine Gangster ist noch während seiner Bewährungszeit in eine Pädophilieaffäre verwickelt. Er wird angeklagt, vier jungen Mädchen erst Drogen und Alkohol beschafft und sich dann an ihnen vergangen zu haben; außerdem soll er sie in eindeutigen Posen fotografiert haben.

Im Frühjahr 1976 nimmt Elizabeth ihr wildes Luxusleben wieder auf und geht auf sämtliche Partys, zu denen man sie einlädt. Während einer dieser Nächte lernt sie in einer In-Diskothek den iranischen Botschafter Zahedi kennen, und der Geschichte ihrer Ausschweifungen wird ein neues Kapitel hinzugefügt. Schwankend zwischen Sorglosigkeit und Verzweiflung, nimmt sie extrem zu und wird regelrecht fettleibig. Am 29. Juli bekommen Elizabeth und Richard von ihrem Anwalt das offizielle Dokument über ihre neuerliche Scheidung ausgehändigt, was Elizabeth dieses Mal mit einer gewissen Weitsicht kommentiert: „Ich liebe Richard Burton von ganzem Herzen. Aber wir können einfach nicht zusammenleben. Wir vernichten uns sonst gegenseitig."

All das hat aber schon bald keine große Bedeutung mehr, denn ein gewisser John Warner hat es Elizabeth angetan. Warner ist ein rechtskonservativer Politiker, sehr reich und autoritär, und macht einen sehr stabilen Eindruck. Für Elizabeth ist er in diesem Moment genau der Mann, den sie gesucht hat.

Die Studios interessieren sich zwar nicht mehr sonderlich für Elizabeth Taylor, aber das macht nichts, denn sie braucht sie auch gar nicht mehr: Als sie ihren neuen Begleiter nämlich auf dessen Farm im romantischen Süden besucht, fühlt sie sich so überwältigt von der Idylle, dass sie sich bereits in der Rolle der braven Hausfrau sieht. Vielleicht wird sie ihrem John ja in Zukunft Apfelkuchen backen und sich um seine Kinder kümmern. Und vielleicht schafft sie es dann auch, ihren exorbitanten Gin-, Whisky- und Wodkakonsum zu reduzieren, wer weiß? Möglich ist alles ... Am 4. Dezember 1976 heiraten John und Elizabeth schließlich in Virginia. Aber man ahnt es schon: Das Märchen von der hübschen Prinzessin, die erst von ihrem Thron herabfällt und tief sinkt, sich dann aber wieder aufrappelt und bei ihrem Farmer und Südstaaten-Gentleman ihre Unschuld wiederfindet, wird schon bald ein Ende haben. Johns Befehlston ihr gegenüber wird immer schärfer, und Elizabeth fühlt sich von seiner alles beherrschenden politischen Karriere schon bald erdrückt. Denn auch wenn sie sicherlich keine Feministin ist und auch für den Kommunismus nichts übrig hat, so ist ihr der Rechtskonservatismus doch mindestens genauso fremd, und als Vorbild für die puritanischen Werte des guten alten Amerika mit all seinen rigiden, reaktionären Moralvorstellungen taugt sie erst recht nicht.

Aufgrund ihrer Fettleibigkeit bekommt sie nur noch kleine Rollen in mittelmäßigen Fernsehfilmen angeboten. Das ist aber immer noch besser, als allein und von der Außenwelt abgeschnitten auf ihrer Farm in Virginia herumzusitzen, wo sie sich nun zunehmend langweilt. Als John im November 1978 schließlich in den Senat gewählt wird – nach einem aufreibenden Wahlkampf, in dessen Verlauf auch die folgsame Hausfrau Elizabeth im ganzen Land unzählige Hände schütteln musste –, wird alles noch schlimmer. Er arbeitet nun Tag und Nacht und hat überhaupt keine Zeit mehr für seine Frau.

Wieder hat Elizabeth eine schwere depressive Phase. Sie stopft sich voll, raucht eine Schachtel Zigaretten am Tag, trinkt von morgens bis abends und kann nur mithilfe einer starken Dosis Tabletten wieder einschlafen. Ihr sukzessiver Selbstmord setzt sich fort. Sturzbetrunken schwankt sie über ihr riesiges Anwesen und stürzt dabei mehrere Male. Sie bricht sich unter anderem einen Finger, die Rippen und die Hüfte. Im Juli 1979 stirbt Michael Wilding, ihr Exmann, mit dem sie zwei Kinder hat, im Alter von 77 Jahren. Sie fliegt zur Beisetzung nach England.

Vor diesem wahrlich tristen Hintergrund beschließen Elizabeth und John, dass es wohl das Beste ist, sich zu trennen. Genau zum richtigen Zeitpunkt kommt denn auch das Angebot, in dem Film *Mord im Spiegel* mitzumachen, eine Komödie, die auf der Grundlage eines Romans von Agatha Christie entsteht und in der Elizabeth wieder mit ihrem alten Freund Rock Hudson zusammen spielt. Der Dreh findet in England statt und verschafft ihr eine wunderbare Abwechslung. Anschließend spielt sie am Broadway in dem Stück *Die kleinen Füchse* von Lillian Hellman und kassiert nebenbei 50.000 Dollar pro Woche – die höchste Gage, die jemals am Theater gezahlt wurde! Elizabeth ist mittlerweile eine lebende Legende, und das Publikum kommt vor allem, um den Megastar noch einmal live auf der Bühne zu sehen. Die Vorstellungen sind zwar restlos ausverkauft, doch dies ändert nichts an der unbarmherzigen Reaktion der Kritiker, die sie mit Attributen wie „alte Fregatte" und „Miss Piggy" schmähen.

Anfang 1981 kauft Elizabeth eine prachtvolle Villa in Bel Air, einem der nobelsten Viertel von Los Angeles. Das Haus besitzt einen eigenen Vorführsaal sowie einen Swimmingpool, und all ihre Bediensteten und ihre Kunstwerke nimmt sie hierhin mit – alles in allem eine Ausstattung, die in vielerlei Hinsicht an die Residenz von Gloria Swanson erinnert, der einstigen Königin der Leinwand, die ihre Glanzzeit in der goldenen Ära Hollywoods erlebte und mit *Boulevard der Dämmerung* berühmt wurde. Dort, in der Nimes Road Nr. 700, lebt Elizabeth Taylor übrigens auch heute noch, umgeben von Haustieren und alten Erinnerungsstücken.

Vom Alkohol und den Drogen zerfressen und abhängig von Percodan, wird ihr Zustand immer beunruhigender. „Wie lange kann sie diesen Lebenswandel noch durchhalten?", fragen sich ihre Nächsten. Der tief gesunkene Star selbst beschreibt es so: „Ich hatte ein Stadium erreicht, in dem ich abends vor dem Ausgehen ein oder zwei Percodan-Tabletten schlucken musste, um überhaupt unter Menschen gehen zu können. Ich spülte sie mit Alkohol hinunter. Ich glaubte, es würde mir helfen, denn die Mischung machte mich ziemlich geschwätzig. In Wirklichkeit gab sie mir aber nur eine falsche Selbstsicherheit. Ich war der festen Überzeugung, meine Zuhörer zu amüsieren und zu unterhalten, dabei müssen sie sich mit mir zu Tode gelangweilt haben. Im Laufe des Abends schluckte ich etwa alle vier Stunden noch mal zwei Tabletten. Hinzu kam, dass ich erstaunlich resistent gegen die Wirkung von Alkohol war. Ich konnte die ganze Nacht trinken, ohne besoffen zu werden."

Als am 5. November 1982 ihre Scheidung ausgesprochen wird, hat sie bereits neue Begleitung gefunden: Mit Victor Luna unternimmt sie erneut eine längere Reise, die sie nach Ägypten, in den Libanon und nach Israel führt. Und fast wie damals, als sie mit Mike Todd nach Moskau reiste, fühlt sie sich auch dieses Mal zu einer „diplomatischen Mission" im Mittleren Osten berufen: „zu versuchen, zwischen Israel und dem Libanon Frieden zu stiften". Auch dieses Mal hat sie keinerlei offizielles Mandat und wird daher bestenfalls belächelt ...

Elizabeth bekommt erneut ein Bühnenangebot: An der Seite ihres Exmannes Richard Burton soll sie in dem Stück *Private Lives* auftreten. Das Duo Infernale lässt zwar während der gesamten Tournee, die von April bis November 1983 dauert, die Theaterkassen klingeln; sie wirken jedoch verbittert und vom Alkohol völlig abgestumpft, und beide hinterlassen den Eindruck, am Abgrund zu stehen.

Erneut von heftigen Unterleibsschmerzen gebeutelt, muss Elizabeth wieder ins Krankenhaus; ihre treue Begleiterin, die Jack-Daniel's-Flasche, weicht nicht von ihrer Seite. Ihre Freunde versuchen nun, ihr ein für alle Mal klarzumachen, dass es so nicht weitergehen kann: Sie *muss* sich einfach in ärztliche Behandlung begeben. Zwei Stunden lang lässt man sie allein in ihrem Krankenhauszimmer, um darüber nachzudenken. Und schließlich stellt sich Elizabeth der Realität: Sie willigt ein, im berühmten Betty Ford Center in Palm Springs eine Entziehungskur zu machen.

Sieben lange Wochen bleibt sie dort, und zum ersten Mal seit über 20 Jahren wird ihr Körper von jeglicher Versorgung mit Alkohol oder Medikamenten abgeschnitten. Das ist natürlich eine brutale Erfahrung, was sich an ihren Tagebucheinträgen unschwer ablesen lässt: „Es geht mir sehr schlecht. Das Zeug fehlt mir. Ich fühle mein Herz – es ist riesig und klopft laut. Ich spüre auch mein Blut, wie es durch meinen Körper schießt. Ich kann es beinahe sehen, wie es sich überall ausbreitet, wie rotes Wasser, das auf Klippen schlägt, in meinem Hals und in meinen schmerzenden Schultern, in meinen Ohren und in meinem heftig wummernden Herz. Die Lider werden mir schwer. Oh Gott, ich bin ja so müde!"

Zum allererstenmal Mal ist Elizabeth gezwungen innezuhalten, sie muss sich Zeit nehmen, in sich hineinzuschauen, und den beschwerlichen Weg der Selbstanalyse gehen: „Die Berühmtheit liegt in der Natur des Schauspielermetiers; es ist ein schizophrener Beruf. Wenn man spielt, wird man jemand anders. Man ist nicht mehr man selbst, sondern die Figur, die man spielt." Und genau das zeichnet ja ihre Karriere aus; es ist exakt diese Gespaltenheit, die sie von ihren ersten Anfängen unter den Scheinwerfern Hollywoods an zerfrisst: Je mehr ihre Persönlichkeit durch die Rollen geprägt wird, die sie spielt, desto mehr verfestigt sich in Elizabeth die Überzeugung, dass ihr ganzes Leben wie ein Film ablaufen wird. Ihr Leben ist zur Fiktion geworden, während ihr eigenes Ich sich Stück für Stück in zahllose realitätsfremde Bilder zersetzt. Im Alter von 51 Jahren muss Elizabeth sich selbst und ihren Lebensentwurf neu definieren – Diamanten, Gemälde und Männer können schließlich nicht alles sein.

Gift und Entgiftung

Am 20. Januar 1984 wird Elizabeth nach sieben harten Wochen aus der Entzugsklinik entlassen und kehrt zu Victor Luna zurück. Sie schmieden bereits Heiratspläne. Vorerst reisen sie aber noch eine Weile in der Welt herum. Da erreicht Elizabeth – es ist der 5. August 1984 – die schreckliche Nachricht: Richard Burton, der Mann, der ihr in ihrem ganzen Leben wahrscheinlich am meisten bedeutet hat, ist tot. Im Alter von nur 58 Jahren ist er einer Hirnblutung erlegen. Elizabeth reagiert hysterisch und erleidet einen Ohnmachtsanfall. Victor Luna berichtet: „Sie verlor völlig die Kontrolle über sich. In diesem Moment habe ich verstanden, wie sehr sie immer noch an diesem Mann hing und was für eine entscheidende Rolle er in ihrem Leben gespielt hatte. Und da ist mir auch klar geworden, dass ich in ihrem Herzen niemals den Platz bekommen würde, den Richard einnahm. Für mich war unsere Beziehung damit beendet, und das habe ich ihr auch gesagt."

Richards letzte Frau Sally meldet sich bei Elizabeth und bittet sie, nicht zur Trauerfeier zu kommen, die in der Schweiz stattfindet. Sie ist nun endgültig am Boden zerstört. Immerhin darf sie einem Trauergottesdienst in Wales beiwohnen. Sofort nach ihrer Rückkehr schickt sie ihren Verlobungsring an Victor Luna zurück. Trotz der neuerlichen Rückschläge lässt sie sich nicht unterkriegen und lernt schon bald Dennis Stein kennen, einen New Yorker Geschäftsmann, der eine Zeit lang sein Leben mit ihr teilt.

1984 freundet sie sich mit Michael Jackson an, der damals gerade mal 26 ist. Die beiden Superstars verstehen sich blendend, und Jackson weiß auch warum: „Beide hatten wir eine verpfuschte Kindheit – das tragische Schicksal vieler Kinderstars. Mein Vater profitierte von meinem Erfolg, genauso wie Elizabeths Mutter an ihren Honoraren verdiente …" Elizabeth ist für ihn „wie eine Mutter, eine sehr gute Freundin. Sie ist Mutter Teresa, Lady Diana, die Queen von England und Wendy Darling in einem."

Zwischen 1985 und 1986 folgen weitere Filme: *Das verrückte Hollywood*, *Fackeln im Sturm* und *Schatten des Ruhms*. Sie trennt sich (vorübergehend) von Dennis Stein und gibt auch ihm ihren Verlobungsring zurück. „Ich hätte beinahe einen Fehler gemacht", kommentiert sie diese Episode, „vielleicht bin ich aber doch endlich reifer geworden. Es ist ja auch höchste Zeit!" Sie schränkt dies aber sofort wieder ein: „Was auch passieren mag, ich liebe es, mich zu amüsieren, laut zu sein und viel zu reden, und ich werde auch in Zukunft das Leben genießen!" Und weiter: „Ohne Liebe hätte ich nicht leben können, aber aufs Heiraten hätte ich sehr gern verzichtet." Spitzbübisch, wie man sie kennt, und mit all dem Humor, der ebenso zu ihrem komplexen Charakter gehört wie ihre Offenheit, wird sie später noch anfügen: „Mit dem Heiraten ist es wie mit dem Essen im Restaurant: Man muss erst die Verdauung abwarten, bevor man sagen kann, ob es gut war."

1985 wird bekannt, dass Rock Hudson sich mit Aids infiziert hat. Elizabeth ist schockiert und engagiert sich von nun an aktiv gegen die Krankheit. Der Kampf gegen Aids wird zu ihrer Berufung. Zunächst beschuldigt sie die Regierung, die so gut wie nichts unternimmt, um die Forschung voranzutreiben; und ein paar Jahre später, auf einer Konferenz, attackiert sie sogar direkt den amerikanischen Präsidenten, um endlich Bewegung in die Situation zu bringen: „Ich frage mich, was Präsident Bush bisher eigentlich zur Bekämpfung von Aids unternommen hat. Ich bin mir nicht einmal sicher, ob er überhaupt weiß, wie man das Wort ‚Aids' schreibt!" Sie hat nun wieder eine Mission gefunden, und zwar keine geringe: Sie will Mittel zur Finanzierung der Aidsforschung auftreiben und zur Bekämpfung homophober Vorurteile beitragen. „Aids ist keine Sünde", erklärt sie. „Es ist eine Krankheit, ein Virus. Wie können es diese sogenannten Gläubigen wagen, Aids zur Stigmatisierung von Homosexuellen zu missbrauchen?" Und zur Verteidigung der Schwulengemeinde setzt sie hinzu: „Ich kenne so viele Schwule – ohne sie gäbe es in Amerika keine Kunst!"

1987 wird Elizabeth 55 und bringt mit „Passion by Elizabeth Taylor" ihr erstes eigenes Parfum auf den Markt. Bereits kurze Zeit später belegt das Luxusprodukt in der Rangliste der meistgekauften Damen-Parfums in den USA Platz vier und wird zu einer wahren Goldgrube. Mit einem geschätzten Vermögen von 80 Millionen Dollar gehört Elizabeth nunmehr zu den reichsten Frauen Amerikas, und bis 1994 wird sie an diesem Parfum nicht weniger als 500 Millionen Dollar verdienen. Später folgen noch ein zweites und ein drittes, „White Diamonds" und „Black Pearls", und alle drei zusammen werden ihr pro Jahr 200 Millionen einbringen.

Und die Unternehmerin hat auch schon das nächste lukrative Projekt in Planung: ein Buch, in dem sie von ihrem Kampf gegen den Alkohol und die Fettleibigkeit berichtet. *Vom Dicksein, vom Dünnsein, vom Glücklichsein* wird ein phänomenaler Erfolg. Mit dem Geschäftemachen kennt sie sich ja bestens aus, und sie reist um den ganzen Globus, um das Buch zu vermarkten. Als sie im Juli 1988 wieder nach Los Angeles zurückkehrt, fängt sie jedoch wieder an zu trinken und isst erneut übermäßig viel. Außerdem leidet sie an Osteoporose, und schon geht der alte Teufelskreis wieder los, denn sie fängt nun auch wieder an, sämtliche Schmerztabletten in sich hineinzustopfen, die sie in die Finger bekommt. Und so landet sie am 25. Oktober erneut im Betty Ford Center, wo sie noch einmal sieben endlos lange Wochen bleiben muss. Der Aufenthalt und der neuerliche Drogenentzug haben wiederum zur Folge, dass sie all die Pfunde wieder zulegt, die sie gerade erst verloren hat.

Im Betty Ford Center lernt sie den 37-jährigen Larry Fortensky kennen. Er ist Bauarbeiter und Lastwagenfahrer und hat mit Elizabeth schon wegen des großen Altersunterschieds nicht viel gemeinsam. Aber wahrscheinlich ist es genau das, was die Filmdiva anzieht; sie glaubt, mit der Vergangenheit abschließen und mit Larry ein neues Leben anfangen zu können.

Für ihren gut aussehenden Arbeiter zwingt sie sich wieder einmal zu einer drastischen Abmagerungskur: Innerhalb weniger Wochen nimmt sie von ursprünglich 82 auf 54 Kilo ab. Und wo sie schon einmal dabei ist, lässt sie sich gleich noch von Michael Jacksons Schönheitschirurg eine Rundumerneuerung verpassen: Hals, Lippen, Augenlider, der ganze Körper wird geliftet.

Ein neues Angebot wartet auf Elizabeth: Sie soll die Rolle der Alexandra Del Lago, eine alternde, drogen- und alkoholsüchtige Filmdiva, spielen ... Die Frage drängt sich auf, ob Elizabeth hier wieder einmal sich selbst spielt, zumal auch Alexandras Liebhaber wesentlich jünger ist als sie. Wie auch immer, die Rolle passt jedenfalls hervorragend zu ihr, und der Film mit dem Titel *Süßer Vogel Jugend*, eine Adaptation des großartigen Bühnenstücks von Tennessee Williams, ist sicherlich das Beste, was Elizabeth seit langer Zeit produziert hat.

Unmittelbar vor ihrem 58. Geburtstag muss sie erneut ins Krankenhaus in Santa Monica eingeliefert werden. Wie schon 1961 wird eine schwere Lungenentzündung diagnostiziert, und wieder kommt sie gerade noch einmal mit dem Leben davon. Im Oktober 1991 heiratet sie Larry. Die bombastische Feier findet auf Michael Jacksons berühmter Neverland-Ranch statt, und Elizabeth ist dafür selbstverständlich kein Preis zu hoch: Die Organisationskosten belaufen sich auf zwei Millionen Dollar, davon allein 180.000 Dollar für Blumen. Ihr ausgeprägter Geschäftssinn lässt sie selbst auf ihrer eigenen Hochzeit nicht im Stich, sodass sie die Gelegenheit nutzt, um eifrig Werbung für ihr zweites Parfum „White Diamonds" zu machen. Schmunzelnd erklärt sie, der Duft suggeriere „eine aufreizende Beinpartie während eines Sonnenuntergangs".

Die Frischvermählten verbringen ihre Flitterwochen in Europa, anschließend kommen sie nach Disneyland, das sie eigens zur Feier von Elizabeths Geburtstag gemietet haben. „Ich kann es gar nicht glauben, dass ich es bis auf 60 Jahre gebracht habe!", lacht die Schauspielerin. Und ein guter Schuss Selbstironie ist auch dabei, wenn sie in der Zeichentrickserie *Die Simpsons* sich selbst spricht oder dem Baby Maggie ihre Stimme leiht, ebenso wie bei ihrem erheiternden Auftritt, den sie wenig später in *Flintstones – Die Familie Feuerstein* hinlegt.

Die Legende lebt

1993 wird Elizabeth vom American Film Institute mit dem Life Achievement Award für ihr Lebenswerk ausgezeichnet. Mit einer Karriere, die sich über ein halbes Jahrhundert erstreckt, verkörpert sie wie keine andere Schauspielerin das Goldene Zeitalter des amerikanischen Films.

Ein neuer Rückschlag folgt, als Larry seinen Job auf der Baustelle hinschmeißt und wieder anfängt zu trinken. Das Märchen von der reichen Schauspielerin und dem armen Malocher hat zwar länger gedauert, als viele es vorhergesagt hatten, im Februar 1996 gibt das Paar dennoch seine Trennung bekannt.

Wenig später stirbt Elizabeths Mutter Sara in einem luxuriösen Altenheim in Palm Springs. Wenngleich sie einen friedlichen Tod gestorben ist, hinterlässt diese Erfahrung in Elizabeth eine große Leere. Sie fühlt sich allein auf ihrem riesigen Anwesen und hat nach zwei weiteren Hüftoperationen zudem große Schmerzen. Wieder fällt sie in ihre Alkohol- und Tablettensucht zurück.

Nach der Trennung von Larry lebt sie völlig zurückgezogen und von der Außenwelt abgeschnitten. Im Februar 1997 stellt sie plötzlich große Gedächtnislücken bei sich fest. Sie lässt sich untersuchen, und die Ärzte finden einen Gehirntumor. Sie hat ihre tapfere Einstellung gegenüber Unglück und Krankheiten aber nicht verloren, und so stellt sie sich auch dieses Mal mutig dem unumgänglichen Eingriff. Und einmal mehr schafft sie es und kehrt aus dem Reich der Toten zurück. Sie kann es selbst kaum fassen. „Ich fühle mich wie neugeboren. All die Liebe, die ich erfahren habe, möchte ich nun zurückgeben!", erklärt sie nach ihrer insgesamt 75. Operation.

1999 wird sie im Buckingham Palace empfangen. Die Queen hat sie eingeladen, um ihr einen englischen Ehrentitel zu verleihen: Von nun an darf sie sich Dame Elizabeth Taylor nennen.

2001 dreht sie ihren bisher letzten Film: In *These Old Broads*, einer unterhaltsamen Fernsehproduktion von ABC, spielt sie an der Seite von Shirley MacLaine, Debbie Reynolds und Joan Collins die Rolle eines in die Jahre gekommenen Kinostars.

Sie strahlt nun wieder, lädt Freunde zu sich nach Hause ein und hat auch wieder Lust, unter Menschen zu gehen. Kurz: Mit 69 Jahren macht ihr das Leben wieder Spaß. Im selben Jahr, 2001, veröffentlicht sie auch ihr zweites Buch, welches ihrer Leidenschaft für Schmuck gewidmet ist und den Titel *My Love Affair with Jewelry* trägt. Auch ihr Spaß am Geschäftemachen lebt wieder auf, und sie bringt eine nach ihr benannte Perückenkollektion auf den Markt, natürlich nur allerfeinste Luxusware; ein ebenfalls sehr rentabler Coup.

In der Zwischenzeit hat sie sich auch wieder verliebt: Zunächst ist es Rod Steiger, dann ihr Zahnarzt! Doch im Jahr 2002 spielt ihr erneut ihre Gesundheit einen Streich: Sie leidet an Herzrasen und Osteoporose. Augenzwinkernd erklärt sie dazu: „Man hat mich ja schon für tot erklärt, ich habe mehrmals aufgehört zu atmen, befand mich schon in dem viel zitierten Tunnel mit dem weißen Licht, das volle Programm eben. Mehrere Male wäre ich um ein Haar gestorben, sodass ich schon einen Horror davor hatte, morgens lebendig aufzuwachen."

Die Schauspielerin beteuert, seit fast 15 Jahren keinen Tropfen Alkohol mehr getrunken zu haben. Auf der Oscarverleihung 2003 gibt sie feierlich ihren Abschied von der Leinwand bekannt. Im Fernsehen wiederholt sie: „Ich stimme meinen Schwanengesang an. Ich ziehe mich aus diesem Beruf zurück, er interessiert mich nicht mehr. Mir kommt das alles mittlerweile nur noch oberflächlich vor. Ich möchte mein Leben jetzt dem Kampf gegen Aids widmen und nicht mehr der Schauspielerei."

Und damit trifft sie die Entscheidung, ihre Millionen dem Kampf gegen die Krankheit zu spenden. „Ich möchte den Großteil meines Vermögens der American Foundation for AIDS Research schenken, die ich 1985 nach dem Tod meines geliebten Freundes Rock Hudson ins Leben gerufen habe. Der Kampf gegen das Virus ist mir zu einer Herzensangelegenheit geworden. Meine Kinder leben allesamt in geordneten Verhältnissen, sie haben schöne Häuser, und ich war ihnen gegenüber immer sehr großzügig. Sie werden sich von nun an mit eher ideellen Werten begnügen müssen ..." Eine sehr konsequente Entscheidung, an der ihre Nachkommen noch heute zu knabbern haben, wie man sich leicht vorstellen kann.

Im Alter von 76 Jahren wohnt Elizabeth immer noch in ihrem Haus in Bel Air, das sie zu einer Art Museum umgestaltet hat, in dem ihre glorreiche Karriere zu besichtigen ist. An den Wänden hängen Fotografien und ihre Meisterwerke (unter anderem Gemälde von Monet und Renoir, nicht zu vergessen das berühmte Porträt, das Andy Warhol von ihr geschaffen hat), ein guter Teil des Mobiliars stammt aus dem 18. Jahrhundert, und überall trifft man auf ihre Tiere, während Elizabeth sich in ihrem privaten Vorführsaal ihre Filme anschaut und sich um Punkt 16 Uhr einen englischen Tee servieren lässt. Sie ist wohlgenährt, ein bisschen rundlich, und sie hat Geld wie Heu (ihr Vermögen wird auf 150 Millionen Dollar geschätzt). Und sie ist unbestritten die letzte Überlebende der goldenen Ära Hollywoods.

Die Frau, die wir mit Attributen wie „Megastar", „Leinwandgöttin" oder „Hollywoods letzte Diva" beschreiben, hat 35 Jahre Alkohol- und Medikamentenmissbrauch und eine Schachtel Zigaretten täglich überlebt, sie hat den Tod ihres Ehemanns verkraften müssen und (mindestens) einen Selbstmordversuch sowie unzählige Operationen hinter sich. Elizabeth Taylor kann nichts mehr erschüttern. Mit dem ihr eigenen Sinn für Humor erklärt sie ihr wundersames Rezept: Um die „ganze Hässlichkeit des Lebens" zu überstehen, genüge es, „das Leben, die Liebe und die Männer zu lieben". Gerade diese Lockerheit, diese Lebenslust, die in solchen Sätzen mitschwingt, macht ihre großartige Persönlichkeit aus. Das stürmische Leben dieser außergewöhnlichen Schauspielerin ist sicher kein Vorbild an Vernunft und Tugendhaftigkeit. Dennoch hat sie irgendwie auch recht, wenn sie sagt: „Das Problem mit Leuten, die keine Laster haben, ist, dass sie leider die langweiligsten Tugenden haben." Und eines ist sicher: Das bisherige Leben der Elizabeth Taylor war alles andere als langweilig.

Alexandre Thiltges

„Ich wollte nie Karriere machen. Ich wurde dazu gedrängt."

Elizabeth Taylor

1934 | Elizabeth Taylor im Alter von zwei Jahren.

1934 | Die zweijährige Elizabeth mit ihrer Mutter Sara und ihrem Bruder Howard.

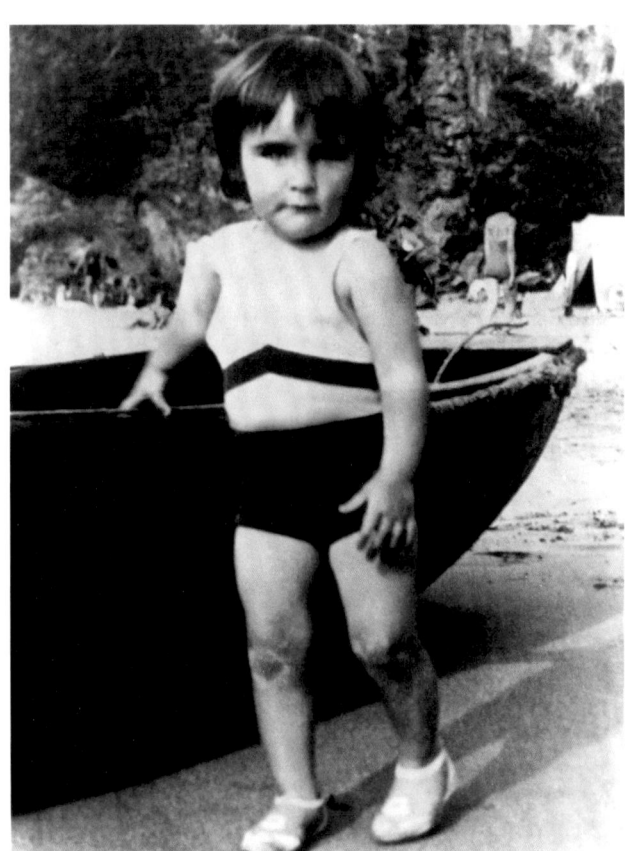

1935 | Elizabeth Taylor mit drei Jahren.

1934 | Elizabeth Taylor mit zwei Jahren.

1936 | Elizabeth Taylor, vier Jahre, und ihr Bruder Howard, sieben.

1936 | Die vierjährige Elizabeth auf ihrem Pferd Daisy.

1940 | Elizabeth Taylor im Alter von sieben Jahren mit ihrer Mutter Sara und ihrem Bruder Howard.

1942 | Mit zehn Jahren posiert Elizabeth Taylor für ihr erstes Porträt als Schauspielerin. Sie spielt in *There's One Born Every Minute* von Harold Young.

1944 | Elizabeth Taylor mit zwölf Jahren.

1946 | Elizabeth Taylor, 14, liest einen Comic in ihrem Zimmer.

1948 | Elizabeth Taylor, 16, und ihr guter Freund Roddy McDowall am Strand.

1946 | Elizabeth Taylor, 14, und ihr Bruder Howard, 17, mit ihrem Hund und ihren Katzen vor dem Wohnsitz der Familie.

1947 | Die 15-jährige Elizabeth Taylor bei Probeaufnahmen zu Robert Leonards Film *Cynthia*, der noch im selben Jahr abgedreht wird.

1947 | Mit 15 Jahren wird Elizabeth Taylor für die Titelrolle in *Cynthia* unter der Regie von Robert Leonard verpflichtet und bekommt bei diesem Auftritt ihren ersten Filmkuss.

1948 | Die 16-jährige Elizabeth Taylor posiert mit ihrer Katze.

1944 | Elizabeth Taylor in *Kleines Mädchen, großes Herz* von Clarence Brown. Der Film wird fünfmal für den Oscar nominiert und erhält zwei Auszeichnungen, darunter den Oscar für Anne Revere als beste Nebendarstellerin.

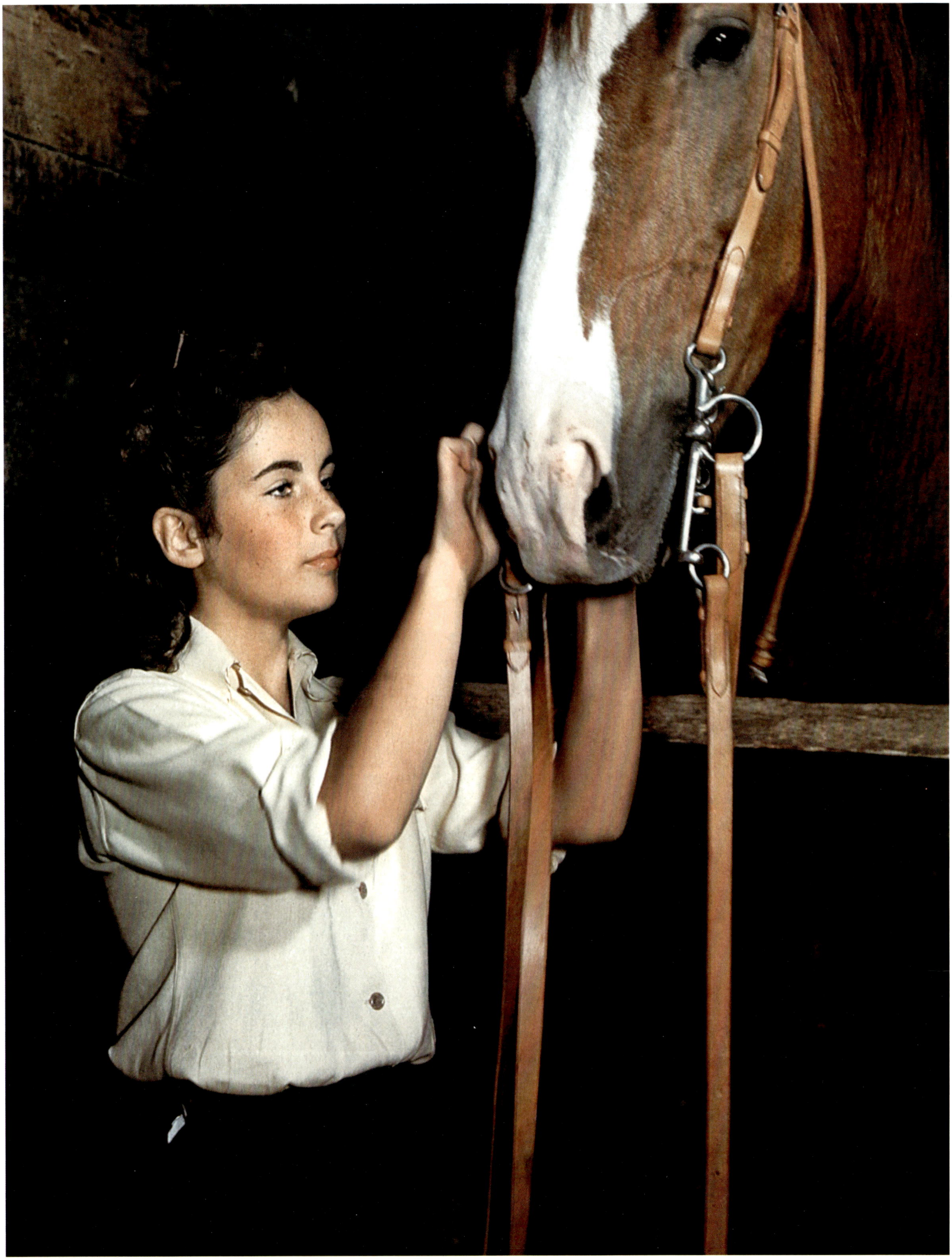

1949 | Mit 17 Jahren dreht Elizabeth Taylor *Kleine tapfere Jo* unter der Regie von Mervyn LeRoy.

1949 | In Mervyn LeRoys *Kleine tapfere Jo* spielt Elizabeth Taylor an der Seite von Janet Leigh, June Allyson, Margaret O'Brien und Mary Astor.

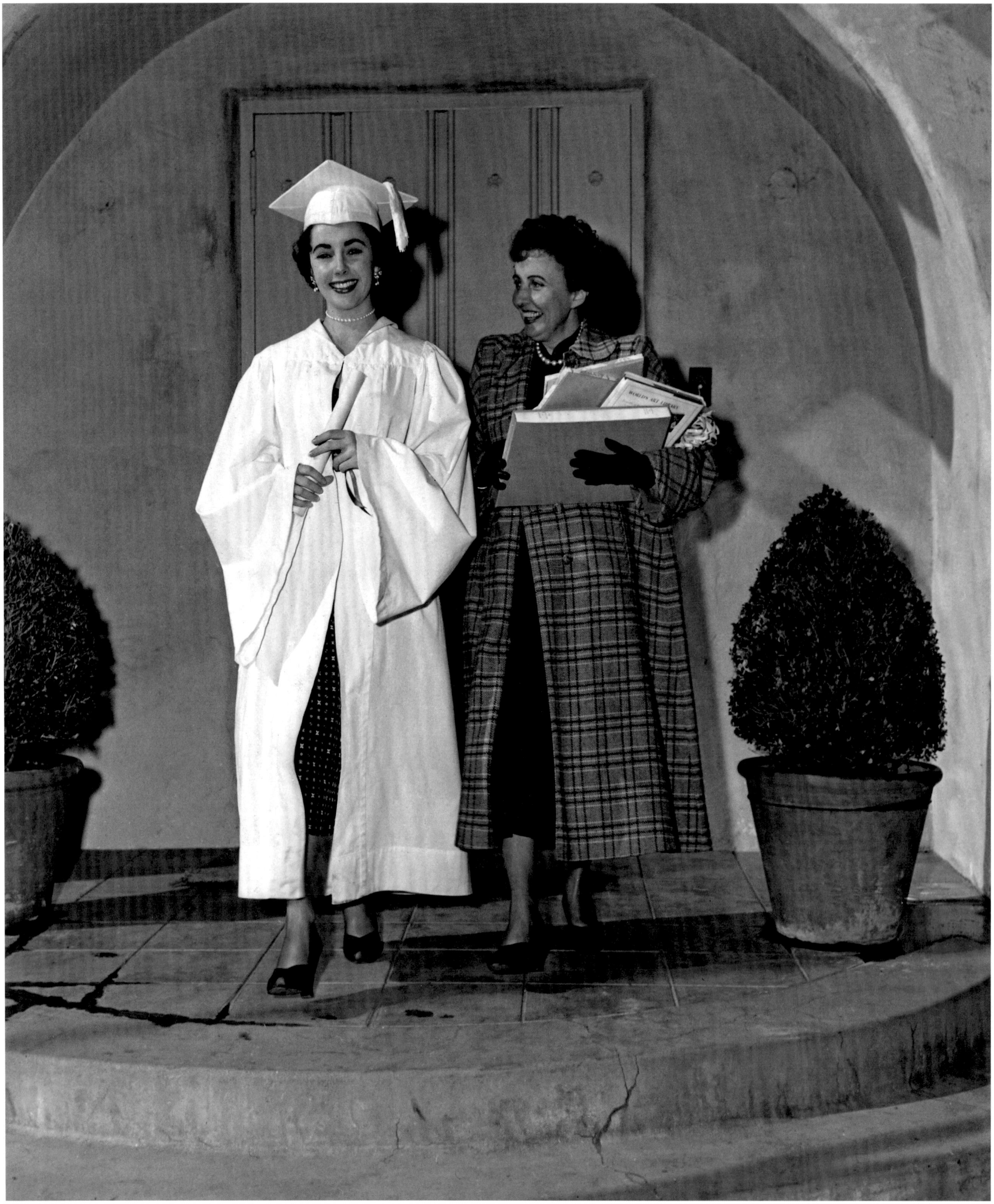

1950 | Elizabeth Taylor im traditionellen Festgewand zur Abschlussfeier der University High School von Los Angeles, in Begleitung ihrer Mutter Sara.

1950 | Elizabeth Taylor mit ihrem Abschlusszeugnis.

„Meine Kindheit war in dem Moment zu Ende, in dem ich anfing, Filme zu drehen."

Elizabeth Taylor

1948 | Elizabeth Taylor posiert für die Titelseite der Zeitschrift *Life*.

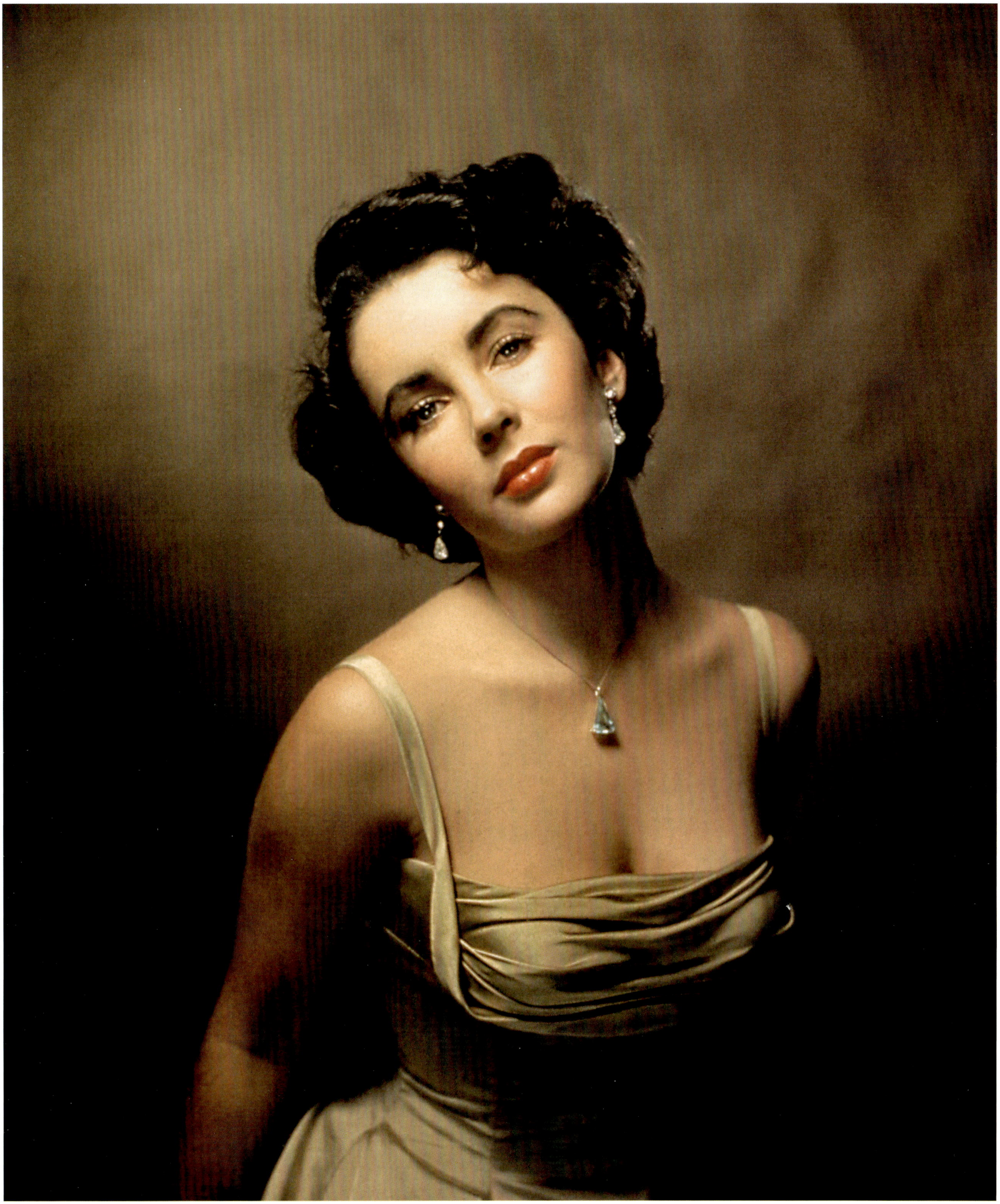

1950 | Elizabeth Taylor und ihr erster Ehemann, „Nicky" Conrad Nicholson Hilton Jr., bei ihrer Trauung am 6. Mai 1950.

1950 | Conrad Nicholson Hilton und Elizabeth Taylor schneiden ihre Hochzeitstorte an.

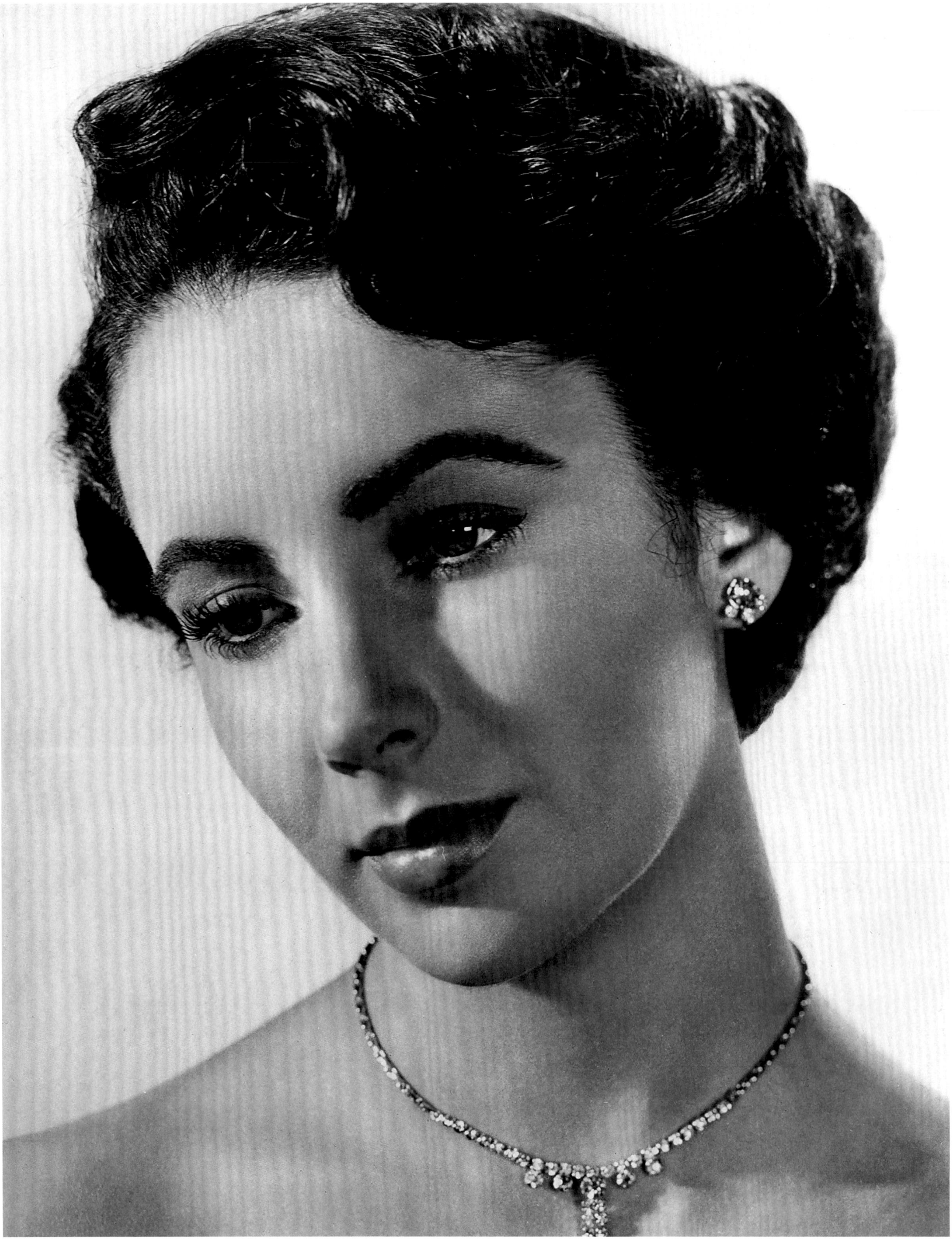

1950 | Porträt der 18-jährigen Elizabeth Taylor.

1951 | Elizabeth Taylor spielt in *Ein Platz an der Sonne* von George Stevens. Der Film gewinnt sechs Oscars und den Golden Globe für den besten Film.

1952 | Mit 20 Jahren dreht Elizabeth Taylor *Die süße Falle* unter der Regie von Stanley Donen. In ihrem Privatleben geht es weniger romantisch zu: Nach den Dreharbeiten lässt sich die Schauspielerin von ihrem ersten Ehemann, dem Hotelerben Nicky Hilton, scheiden.

1951 | Die 19-jährige Elizabeth Taylor in *Ein Platz an der Sonne* von George Stevens nach dem Roman *Eine amerikanische Tragödie* von Theodore Dreiser. Ihr Partner ist Montgomery Clift, mit dem sie bis zu seinem plötzlichen Tod 1966 eng befreundet bleibt.

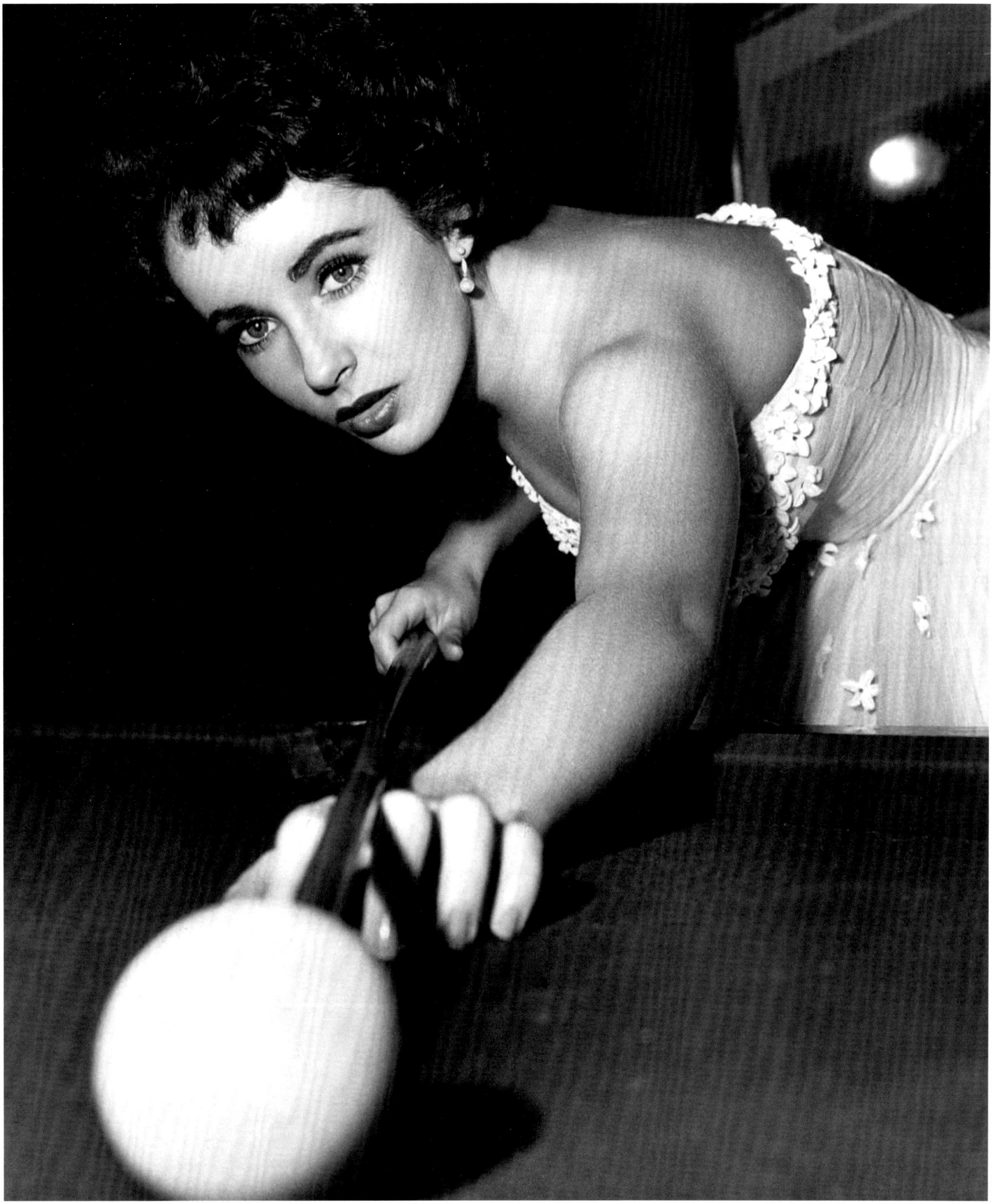

Metro-Goldwyn-Mayer
PRÉSENTE
ROBERT TAYLOR
ELIZABETH TAYLOR
JOAN FONTAINE
GEORGE SANDERS
EMLYN WILLIAMS
IVANHOE
D'après le célèbre roman de WALTER SCOTT
Réalisation de RICHARD THORPE
Production de PANDRO S. BERMAN
EN TECHNICOLOR

1952 | *Ivanhoe – Der schwarze Ritter* von Richard Thorpe wird in der Kategorie Bester Film für den Oscar und den Golden Globe nominiert und spielt hohe Gewinne ein.

1952 | Elizabeth Taylor ist 20 Jahre alt, als sie *Ivanhoe – Der schwarze Ritter* dreht. Zum ersten Mal ist ihre Mutter nicht bei den Dreharbeiten dabei.

„Sollte ich wieder einmal irgendwelche Hochzeitspläne erwähnen, schlagt mich!"

Elizabeth Taylor

1956 | Porträt Elizabeth Taylors im Alter von 24 Jahren.

1954 | Für die Augustausgabe der Zeitschrift *Look* posiert Elizabeth Taylor mit ihrem Sohn Michael Howard Wilding für die Titelstory über die „Mütter von Hollywood".

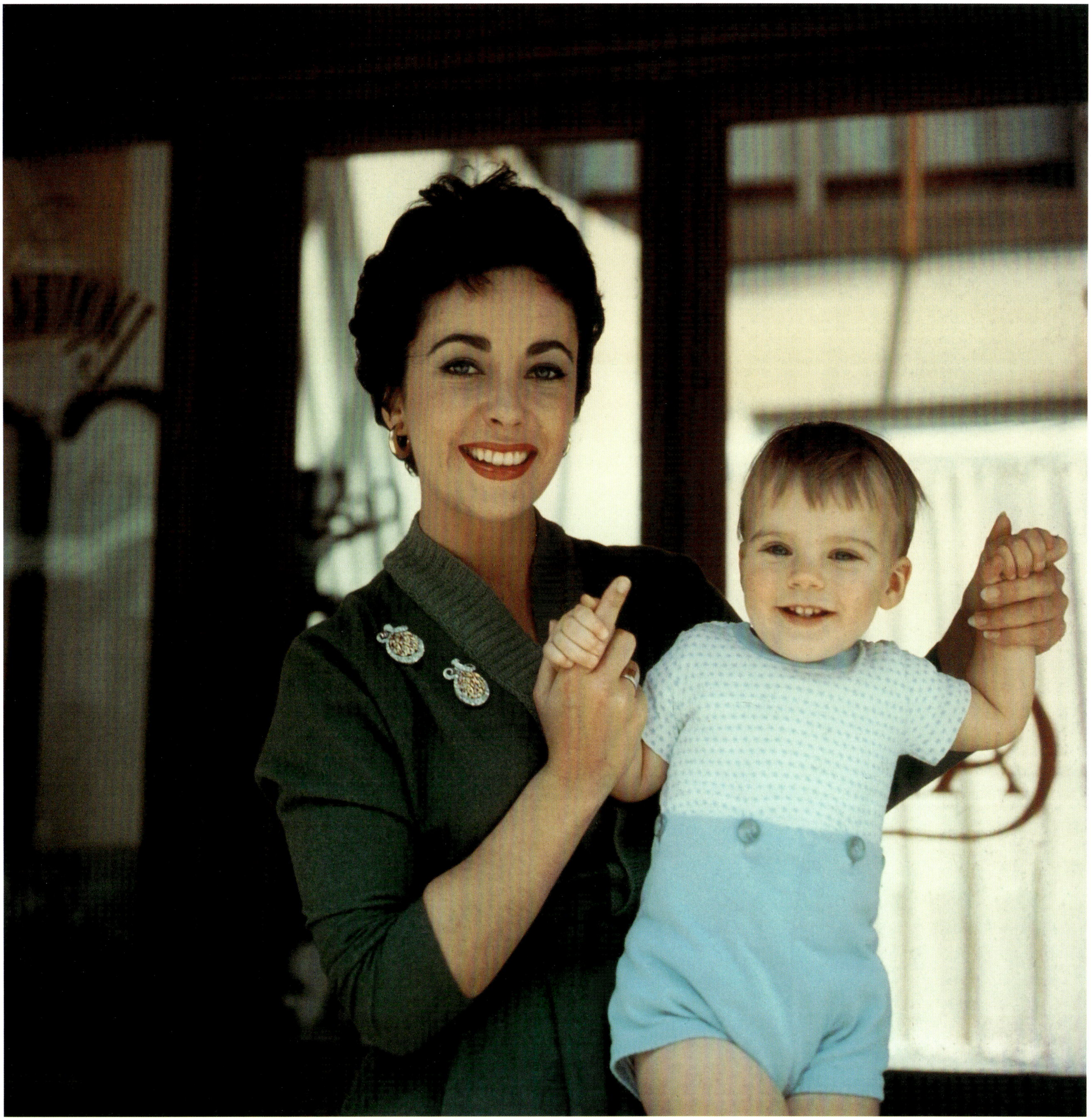

1955 | Michael Wilding, Elizabeth Taylors zweiter Ehemann, füttert seinen zweijährigen Sohn, Michael Wilding Jr.

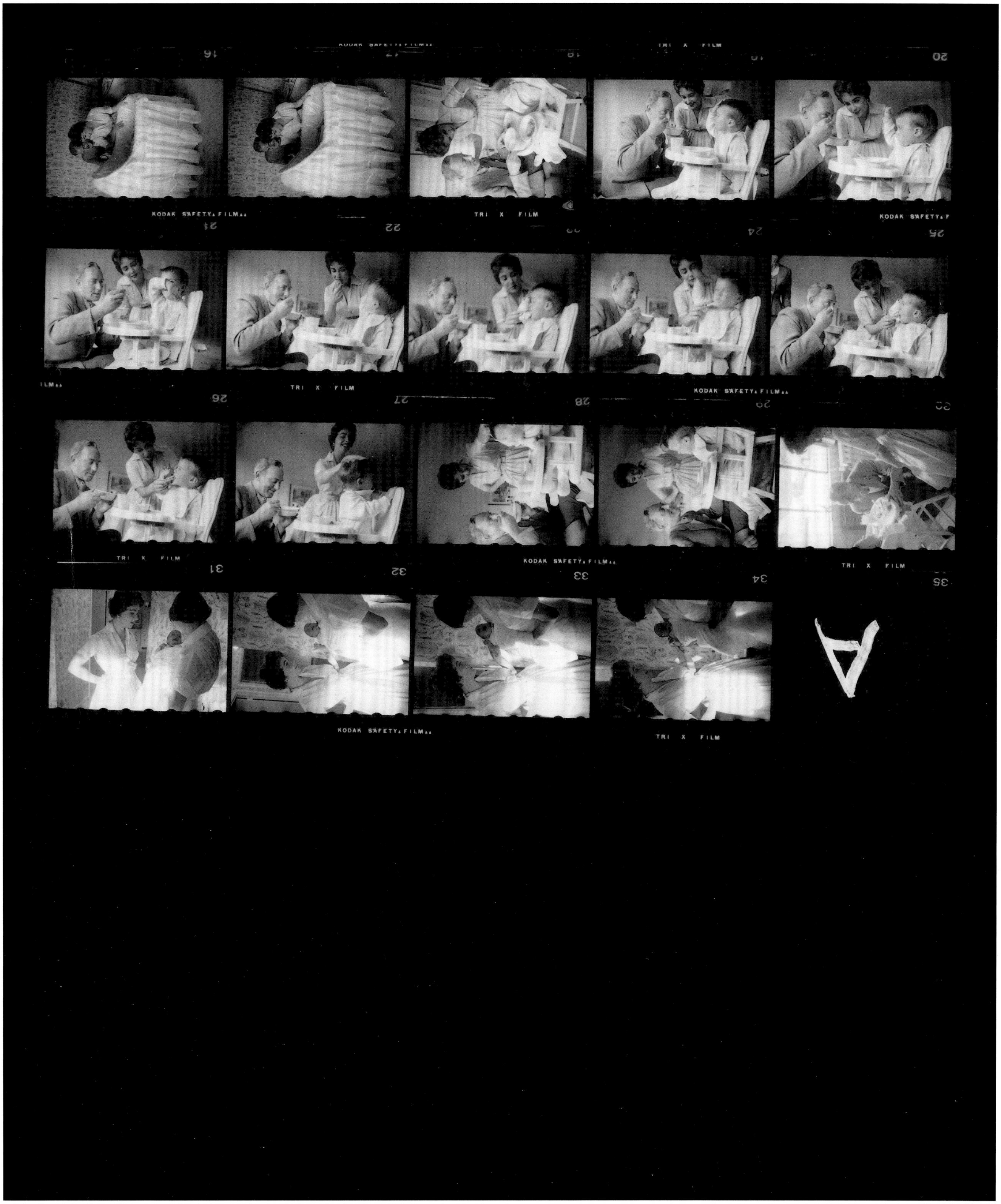
KODAK SAFETY FILM
TRI X FILM
20
KODAK SAFETY FILM
TRI X FILM
KODAK SAFETY FILM
TRI X FILM
KODAK SAFETY FILM
TRI X FILM
KODAK SAFETY FILM
TRI X FILM
KODAK SAFETY FILM
TRI X FILM

A PICTURE OF PROUD PEOPLE, A LOVE STORY, A CAVALCADE--A CONFLICT OF CREEDS--A PERSONAL DRAMA OF STRONG LONGINGS --A BIG STORY OF BIG THINGS AND BIG FEELINGS. THIS IS GIANT!

GIANT

GEORGE STEVENS' PRODUCTION

FROM THE NOVEL BY **EDNA FERBER**

STARRING **ELIZABETH TAYLOR · ROCK HUDSON · JAMES DEAN**

IN WarnerColor

ALSO STARRING **CARROLL BAKER · JANE WITHERS · CHILL WILLS · MERCEDES McCAMBRIDGE · SAL MINEO**

SCREEN PLAY BY FRED GUIOL AND IVAN MOFFAT · PRODUCED BY GEORGE STEVENS AND HENRY GINSBERG · DIRECTED BY GEORGE STEVENS · RE-RELEASED BY WARNER BROS.

1956 | Plakat zum Film *Giganten* von George Stevens, der mehrfach für den Oscar nominiert wird und den Preis für die beste Regie gewinnt.

1955 | Die beiden Hauptdarsteller von *Giganten* verstehen sich glänzend. In einer Drehpause legt James Dean seiner Partnerin zum Scherz Fesseln an.

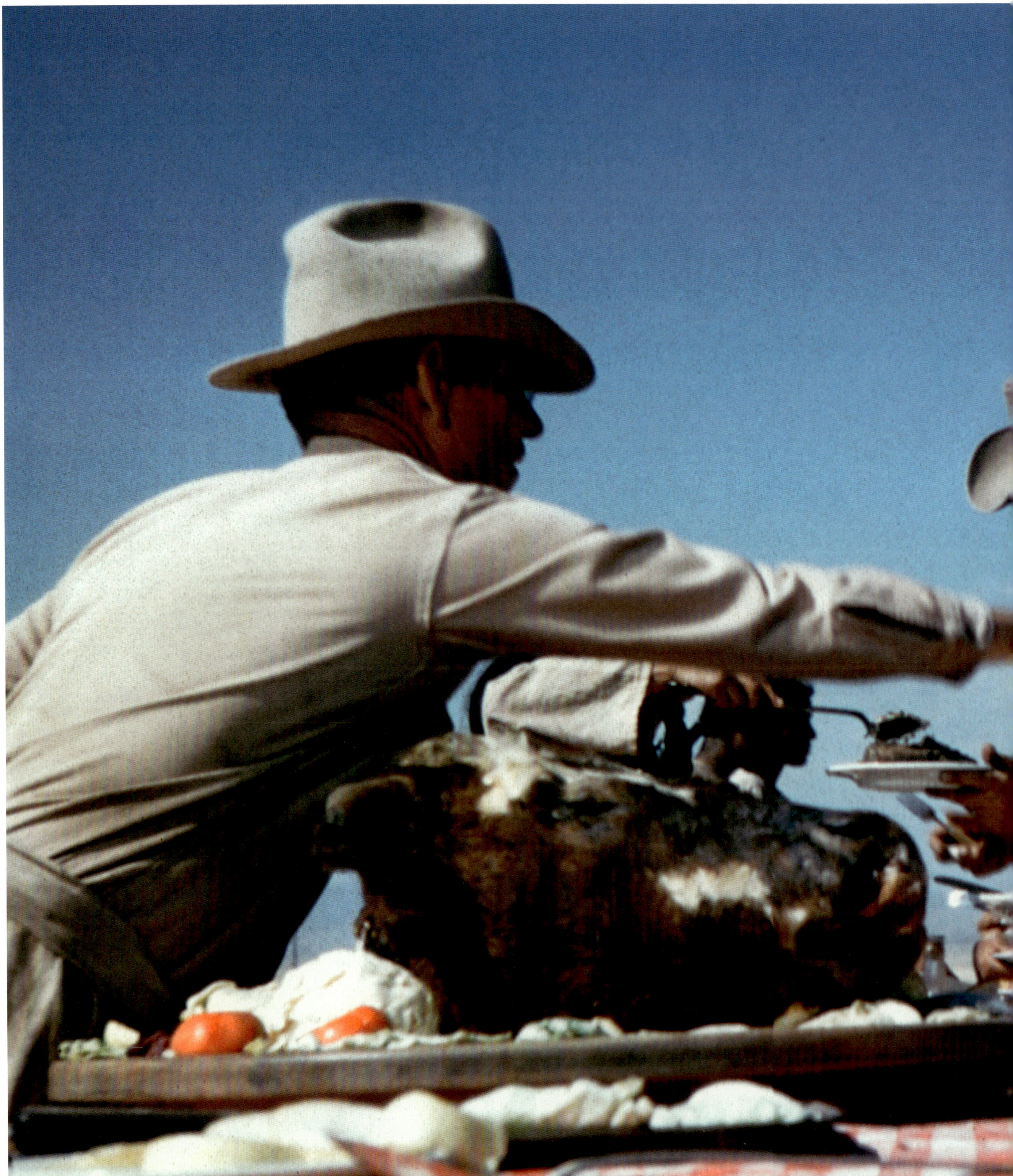

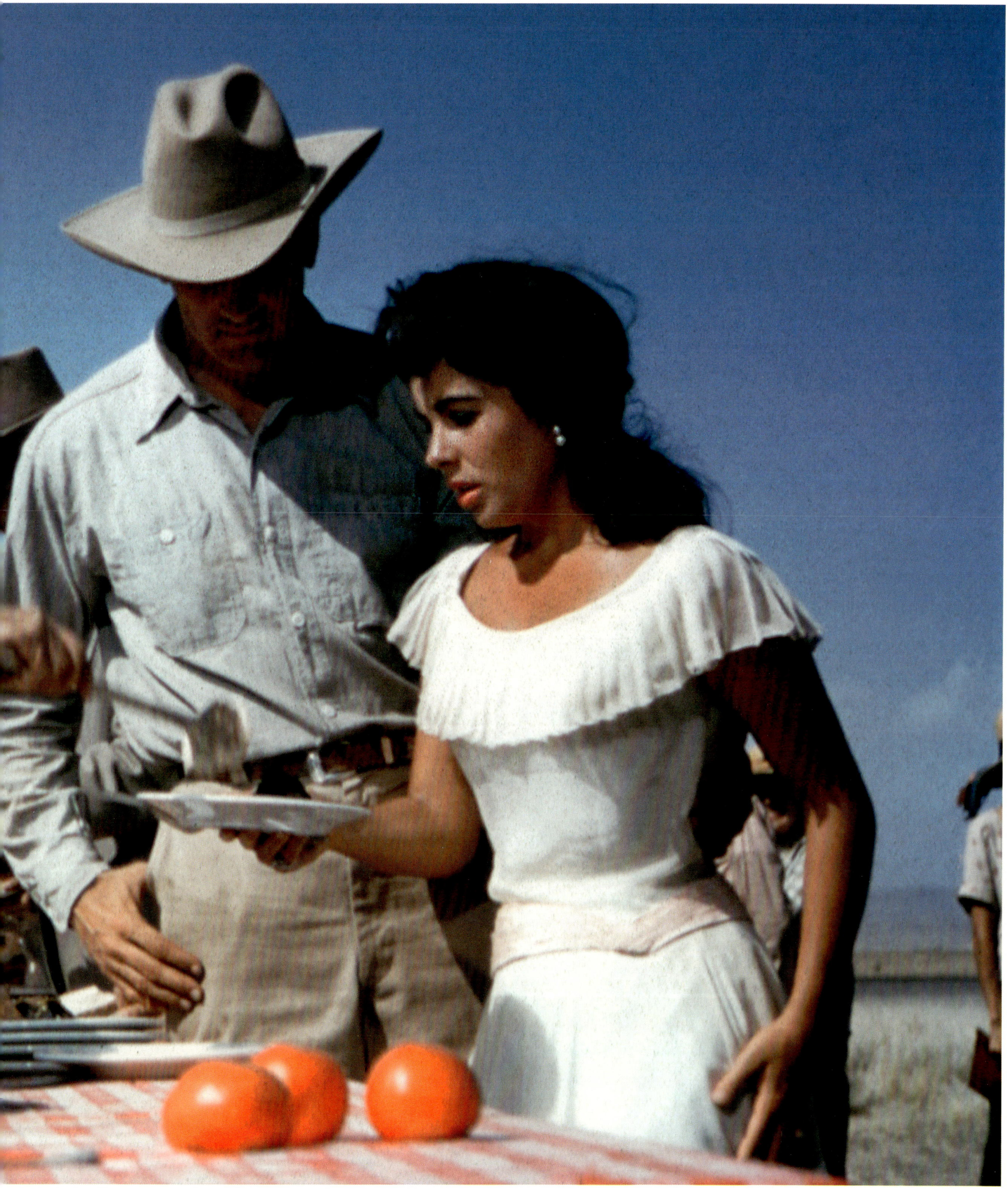

Vorhergehende Seiten:
1956 | Mittagspause am Set von George Stevens' *Giganten*.

1955 | Elizabeth Taylor und Patricia Westmore besuchen James Dean in seiner Garderobe am Set von *Giganten*.

1955 | Das Filmteam unterbricht die Dreharbeiten im texanischen Marfa, um ein Wochenende in Dallas zu verbringen.

„Ich bin immer auf Abenteuer aus. Ich habe keine Angst davor, Türen zu öffnen und herauszufinden, wohin sie führen."

Elizabeth Taylor

1955 | Porträt Elizabeth Taylors im Alter von 23 Jahren, aufgenommen in Texas während der Dreharbeiten zu *Giganten*.

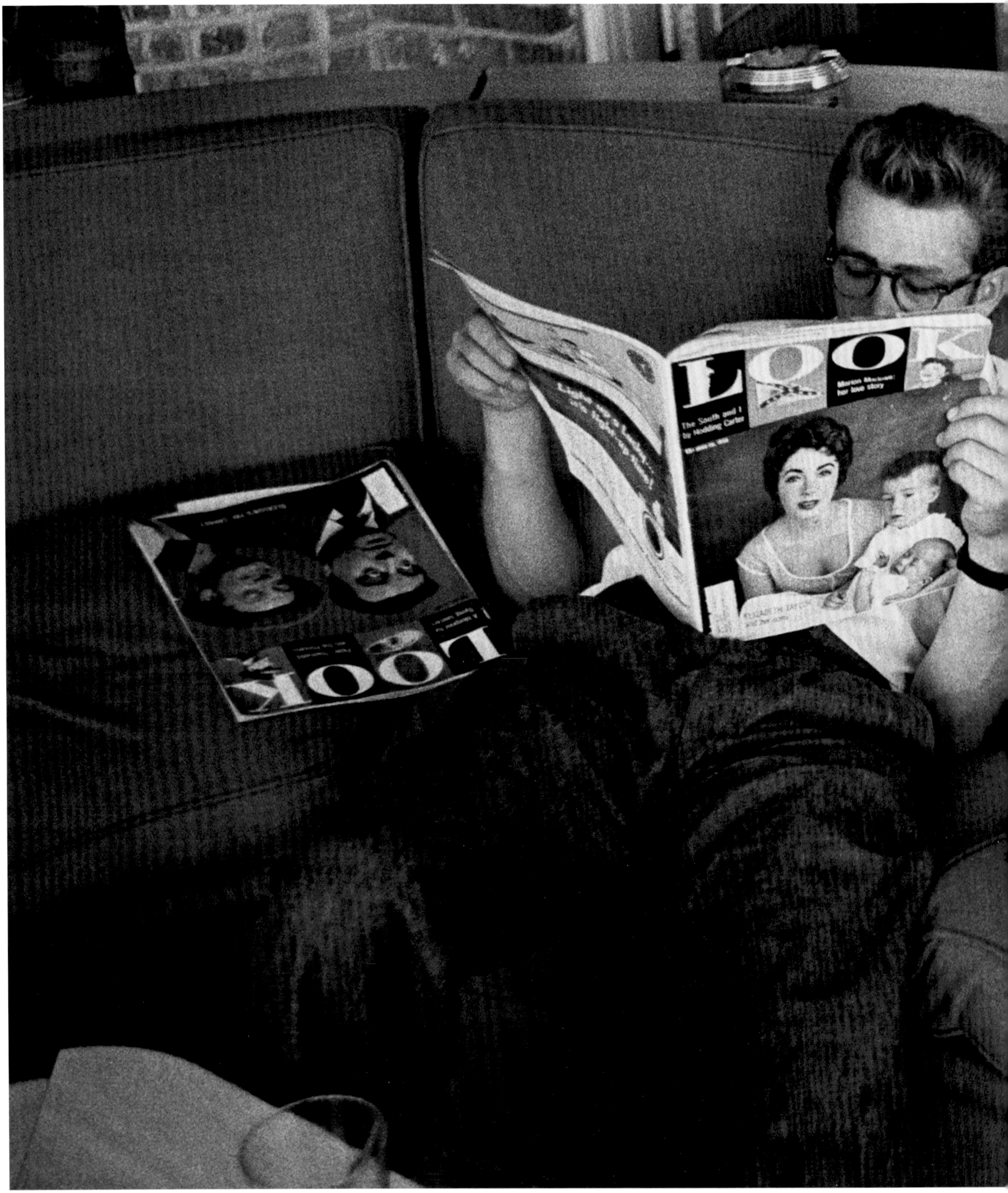
LOOK
The South and I
by Hodding Carter
her love story
LOOK

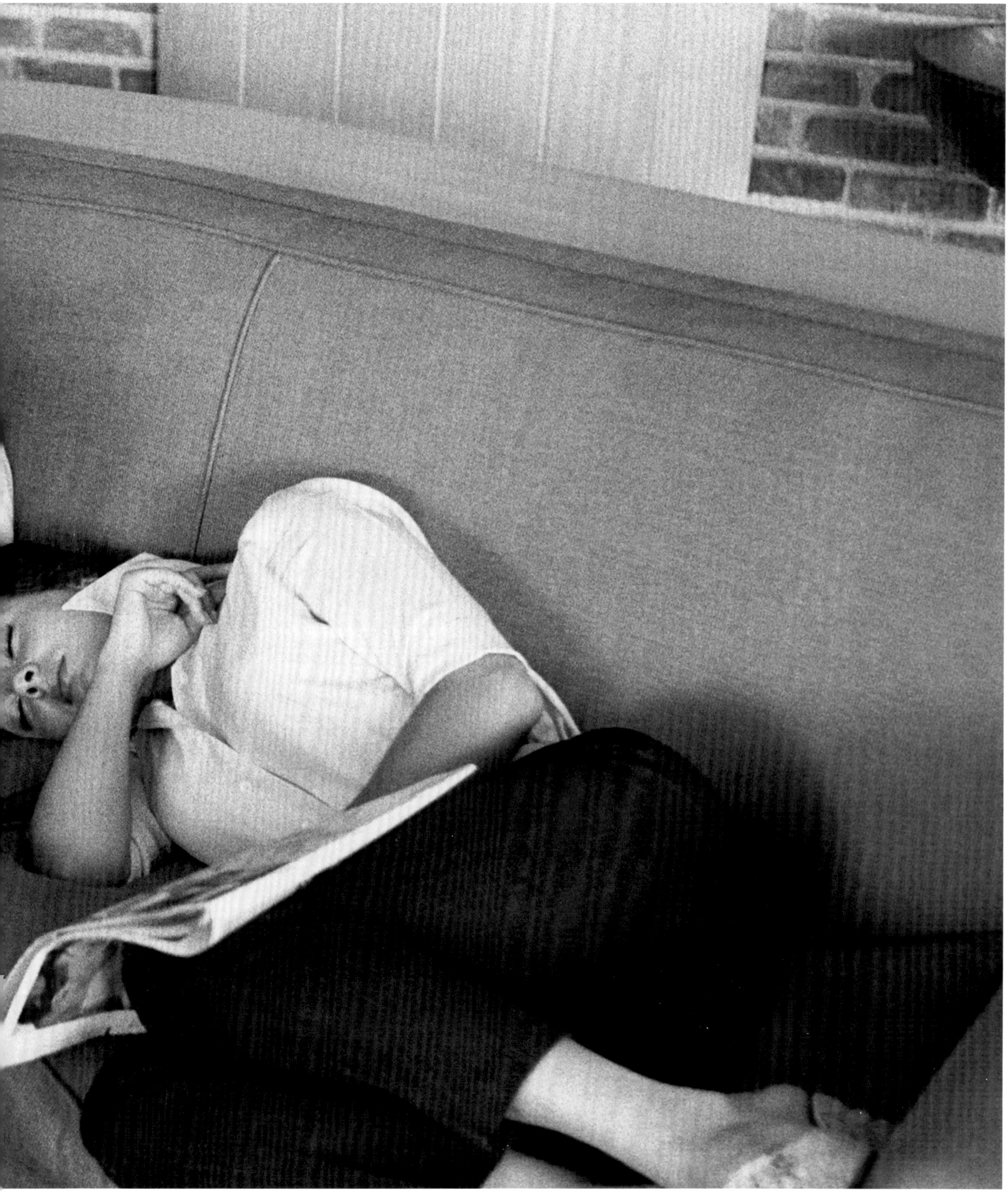

Vorhergehende Seiten:
1955 | James Dean blättert in der Zeitschrift *Look*, deren Titelbild die an seiner Seite schlafende Elizabeth Taylor ziert.

1956 | Am Set von *Giganten* leiht sich James Dean die Kamera von Sid Avery, um Elizabeth Taylor im Gespräch mit dem Regisseur George Stevens zu fotografieren.
1956 | Elizabeth Taylor beim Sonnenbad während der Dreharbeiten zu *Giganten* in Texas.

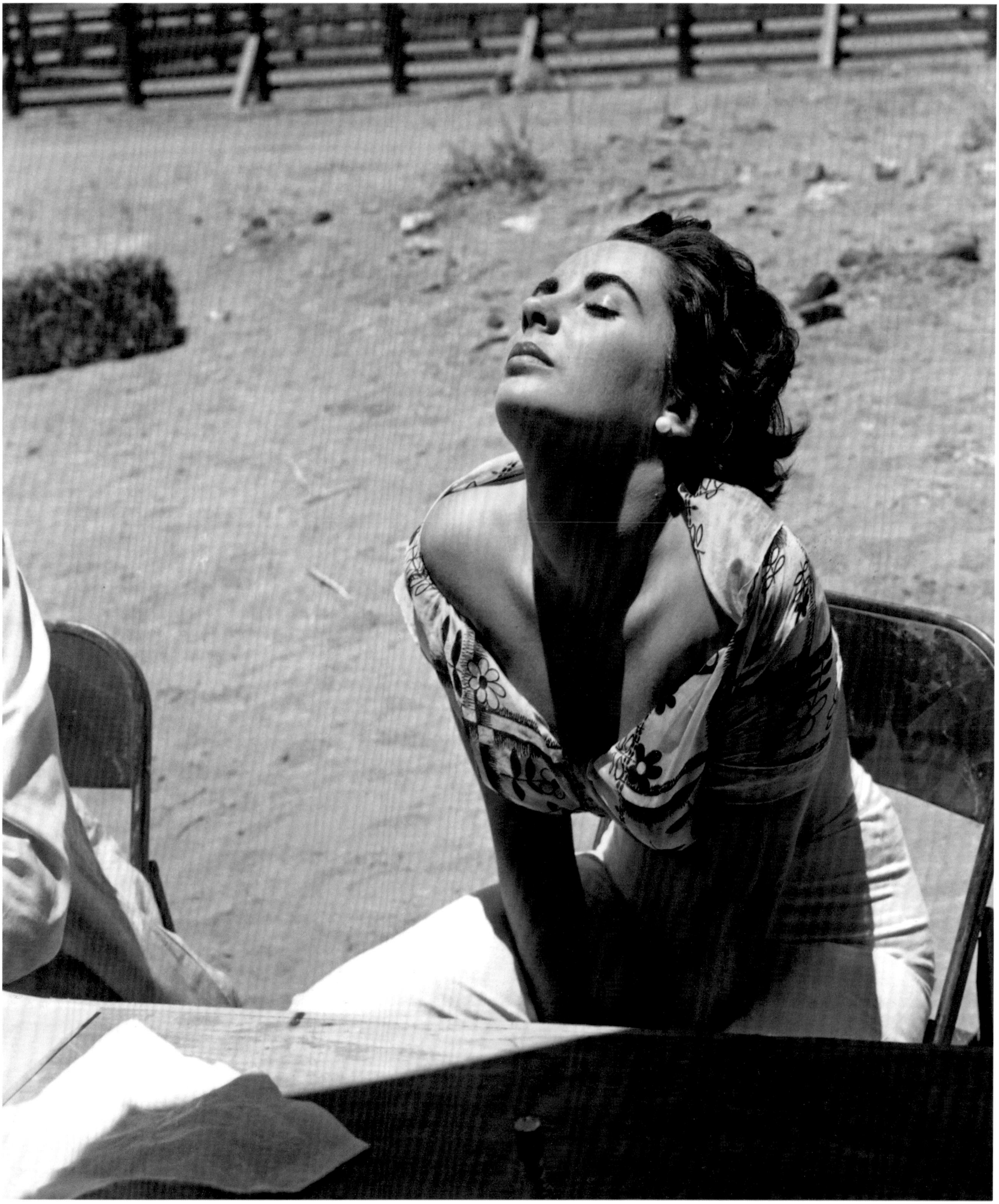

„Ich habe nie Schauspielunterricht genommen und arbeite ohne jede theoretische Grundlage. Schauspielerin zu werden war etwas ganz Natürliches für mich. Ich spiele instinktiv."

Elizabeth Taylor

1957 | Porträt während der Dreharbeiten zu *Das Land des Regenbaums* von Edward Dmytryk.

69

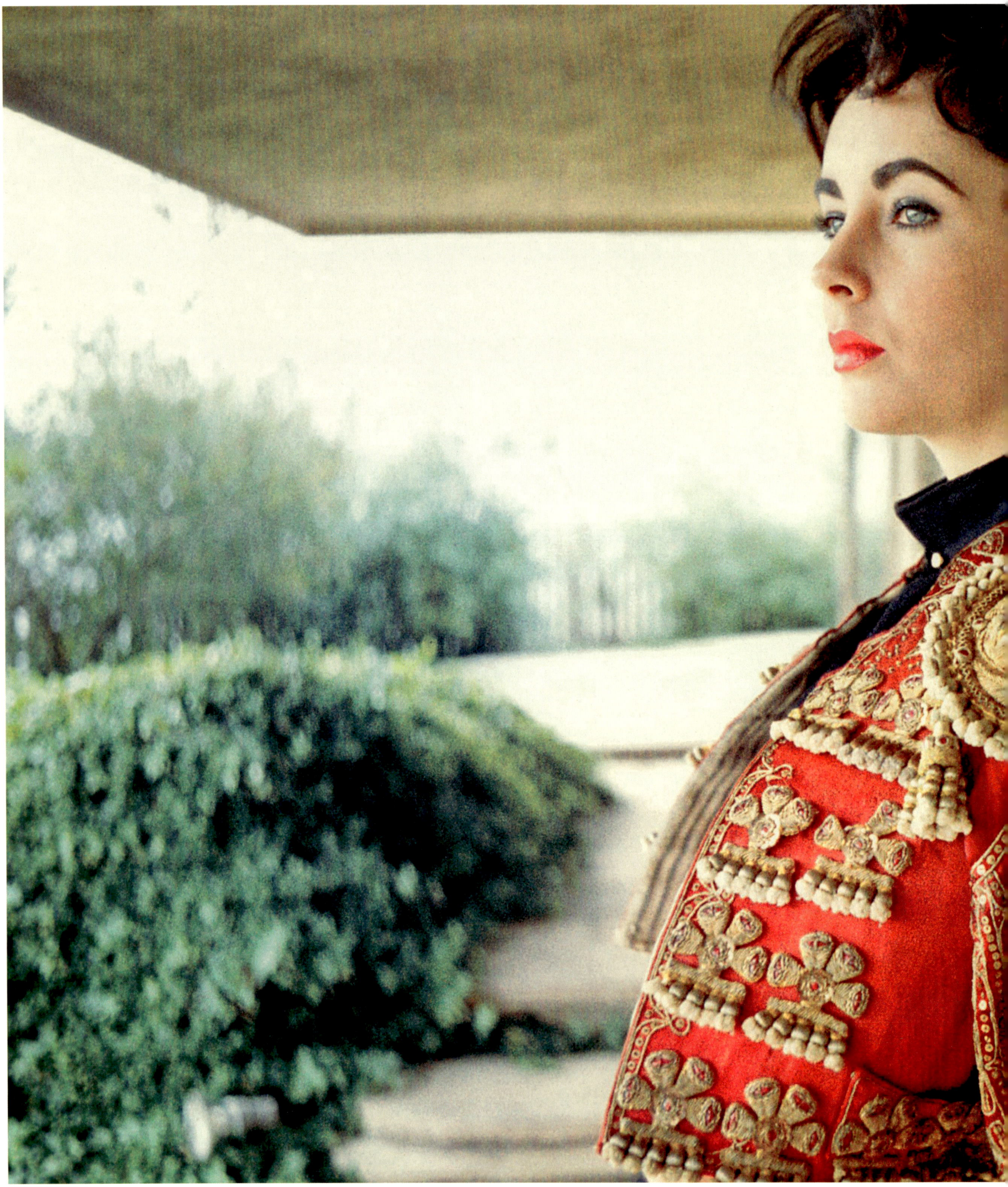

71

Vorhergehende Seiten:
1956 | Die 24-jährige Elizabeth Taylor posiert in einem traditionellen Torero-Outfit, das sie in Spanien gekauft hat.

1956 | Elizabeth Taylor und ihr Mann Michael Wilding, beide glühende Stierkampf-Aficionados, spielen im Garten ihres Hauses in Hollywood eine Corrida nach.

1957 | Für ihre Rolle in *Das Land des Regenbaums* muss Elizabeth Taylor ein Korsett tragen, das ihr große Schmerzen bereitet. Aber sie meistert die Rolle der Südstaatenschönheit, die durchaus an Scarlett O'Hara erinnert, mit Bravour.

1957 | In *Das Land des Regenbaums* von Edward Dmytryk dreht Elizabeth Taylor erneut mit ihrem Freund Montgomery Clift.

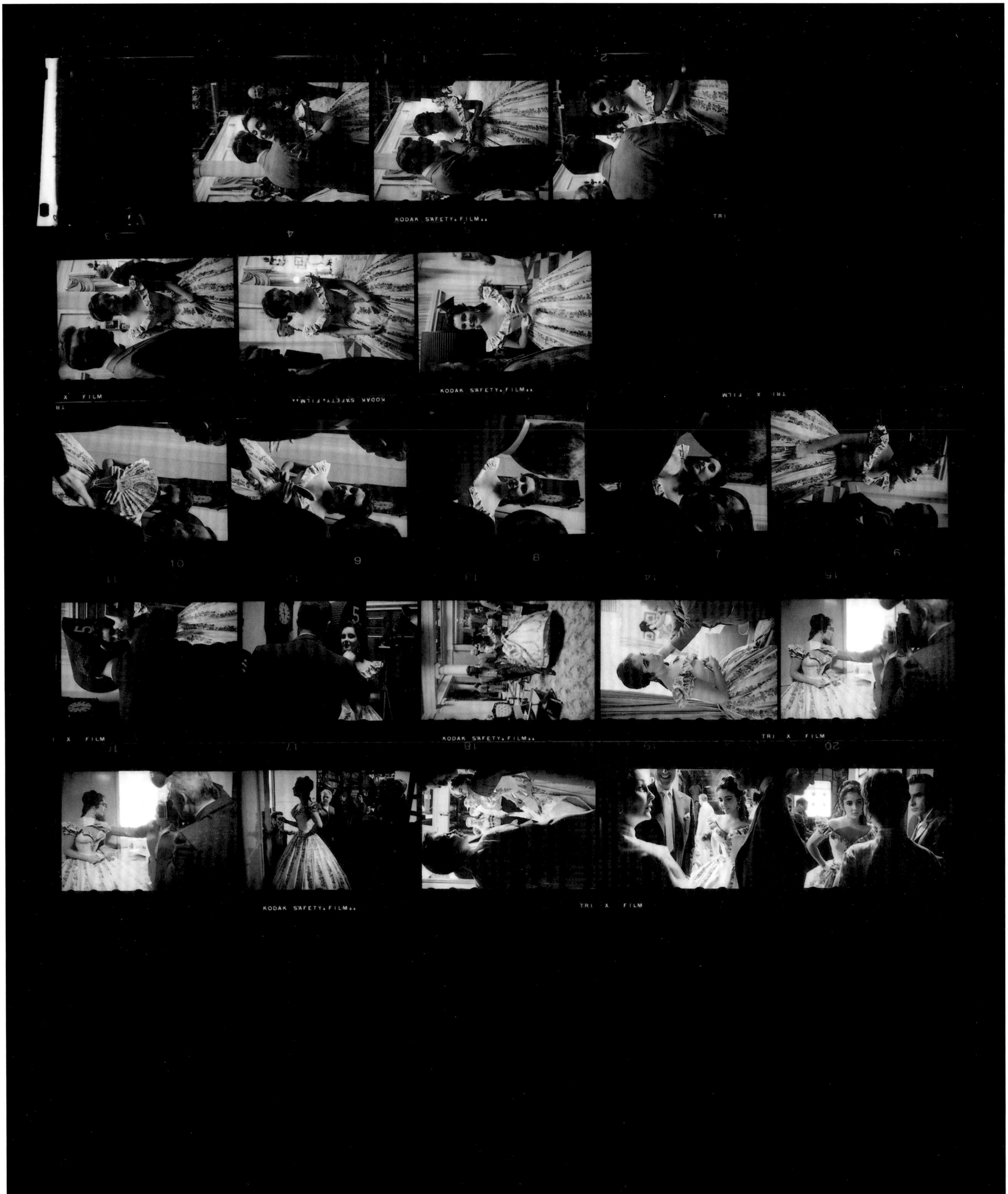

1957 | Ihre Leistung als Susanna Drake in *Das Land des Regenbaums* trägt Elizabeth Taylor eine weitere Oscarnominierung ein. Der Film wird außerdem in den Kategorien Kostümbild, Filmmusik und Szenenbild nominiert.

„Ich habe nie behauptet, eine ganz normale Hausfrau zu sein."

Elizabeth Taylor

1956 | Elizabeth Taylor hält ihren zweiten Sohn Christopher im Arm. Der knapp Einjährige ist am Geburtstag seiner Mutter, dem 27. Februar, zur Welt gekommen.

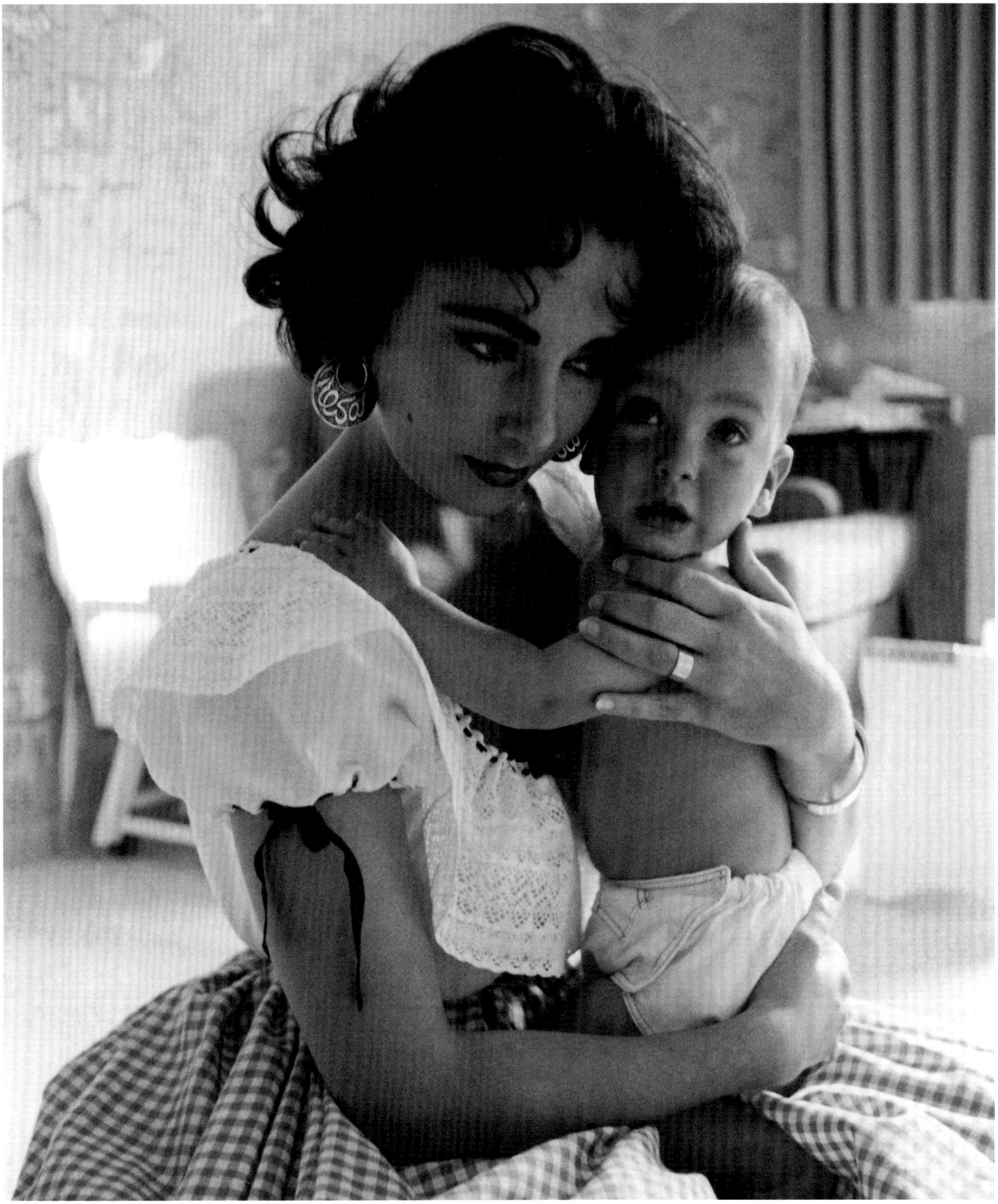

1957 | Elizabeth Taylor gibt ihrer Tochter Liza das Fläschchen, während ihre beiden Söhne Michael und Christopher und ihr Ehemann Mike Todd aufmerksam zusehen.

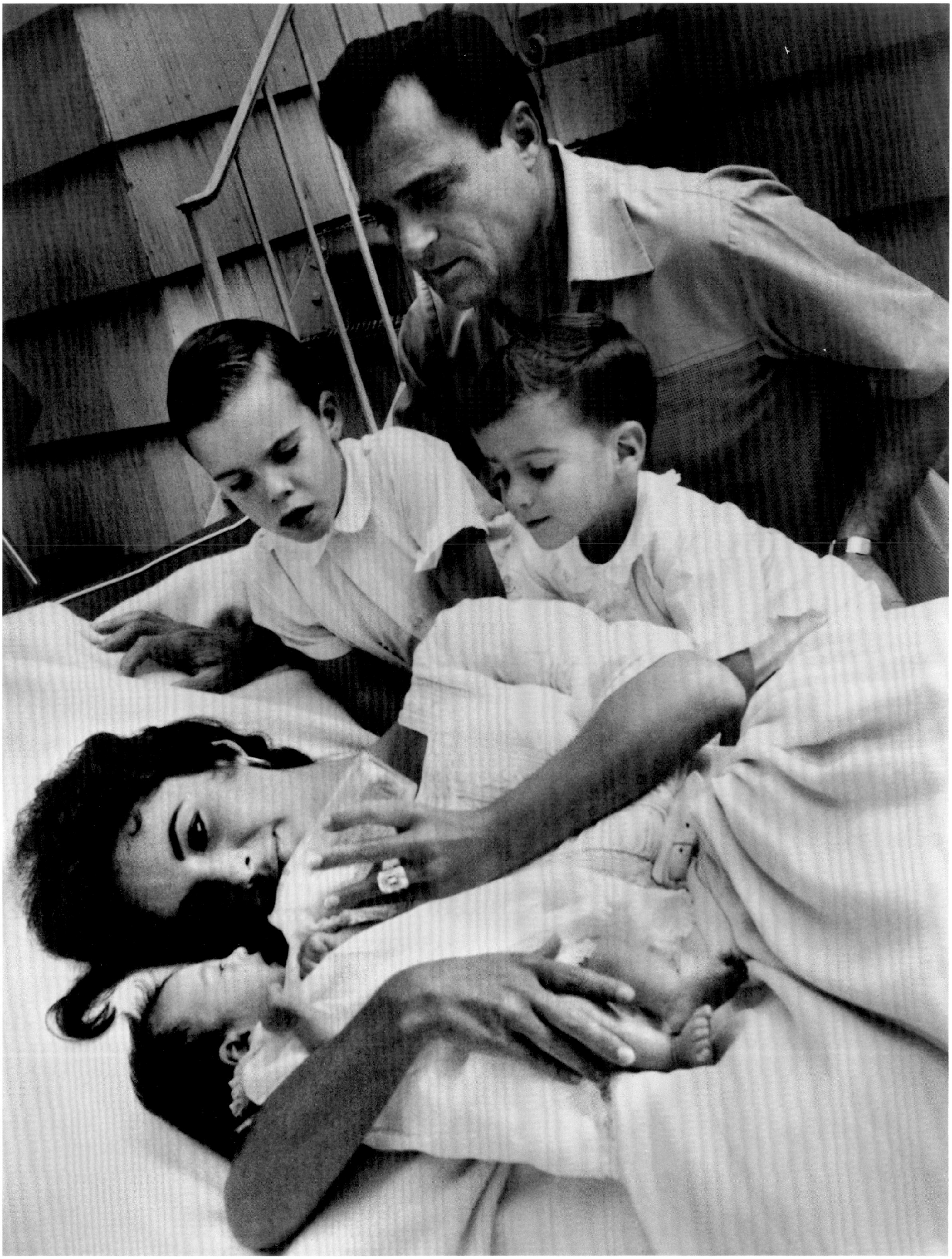

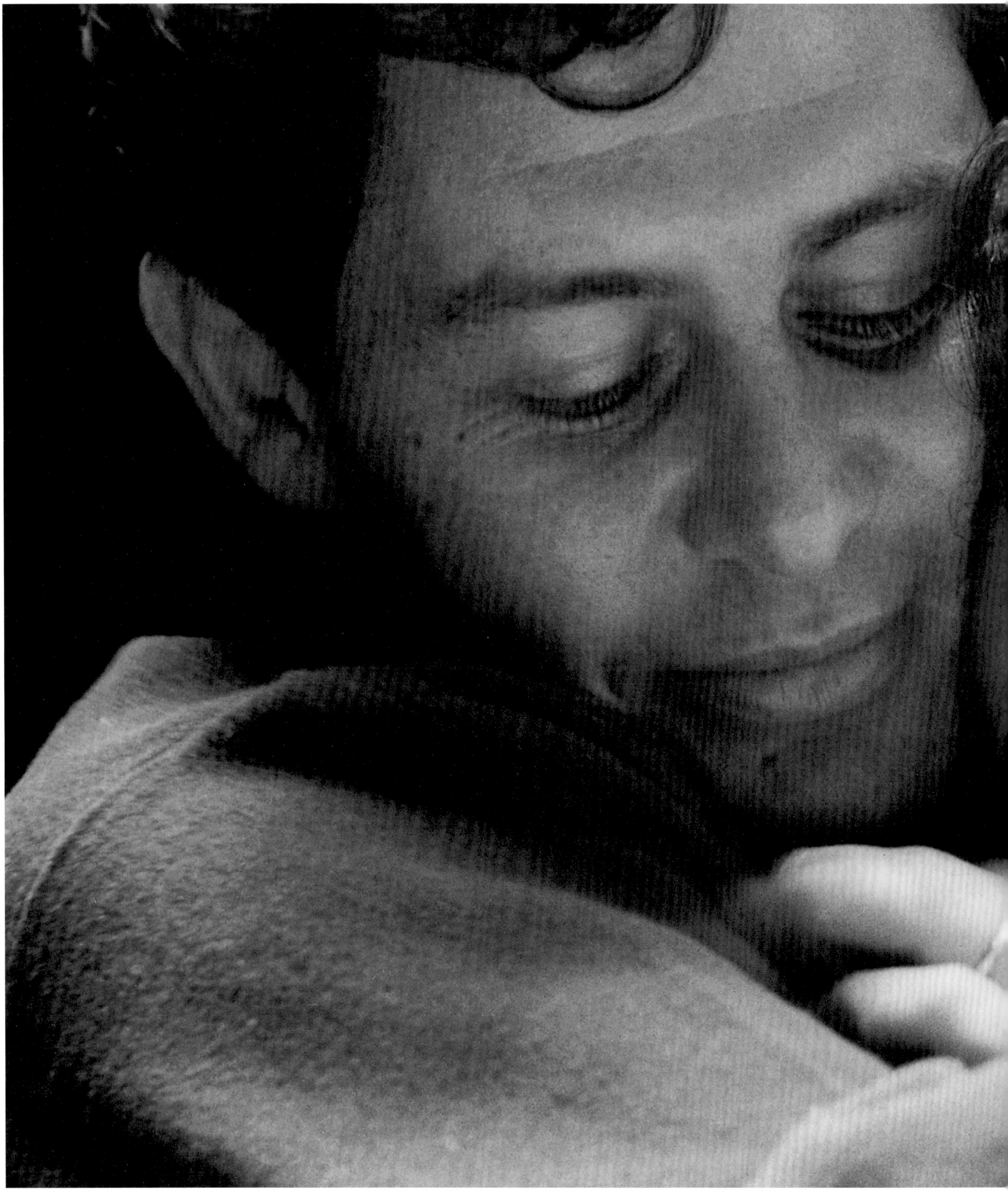

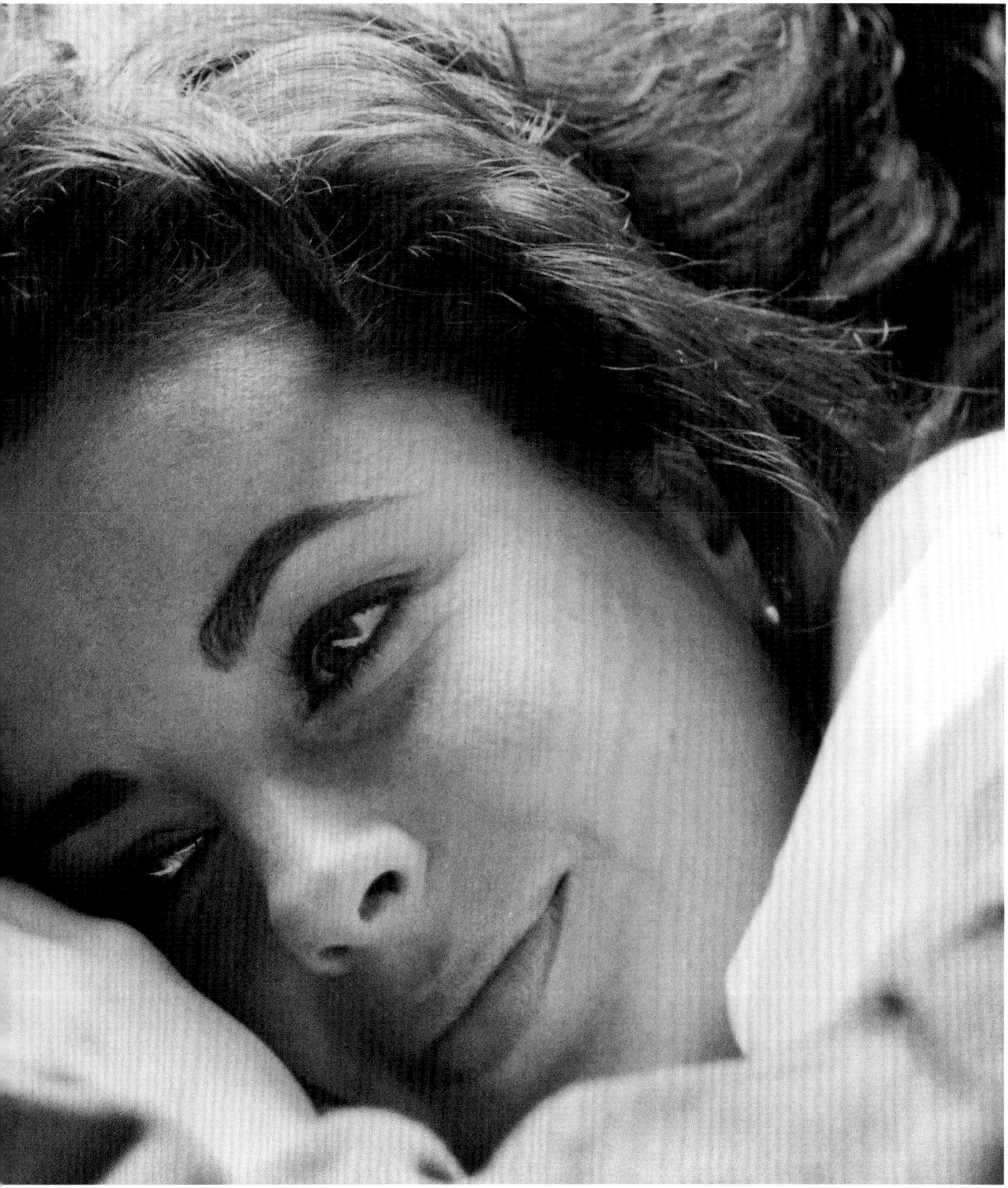

Vorhergehende Seiten:
1957 | Elizabeth Taylor und ihr Mann Mike Todd.

1957 | Elizabeth Frances, genannt Liza, wird geboren. Es ist das dritte Kind der Schauspielerin und das einzige aus ihrer dritten Ehe mit Michael Todd, der ein Jahr später bei einem Flugzeugunglück ums Leben kommt.

1955 | Elizabeth Taylor spielt mit ihren Kindern Michael und Christopher.

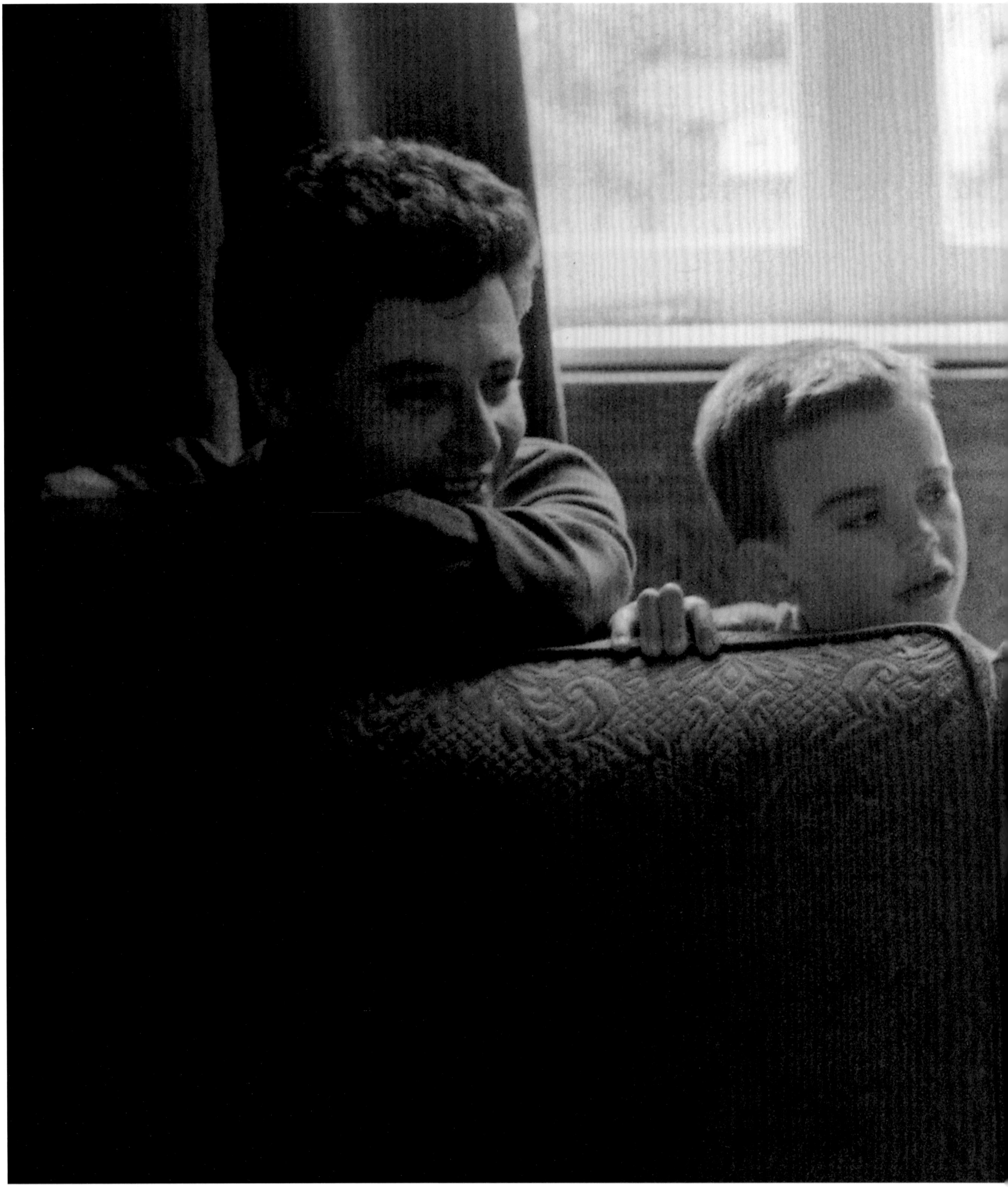

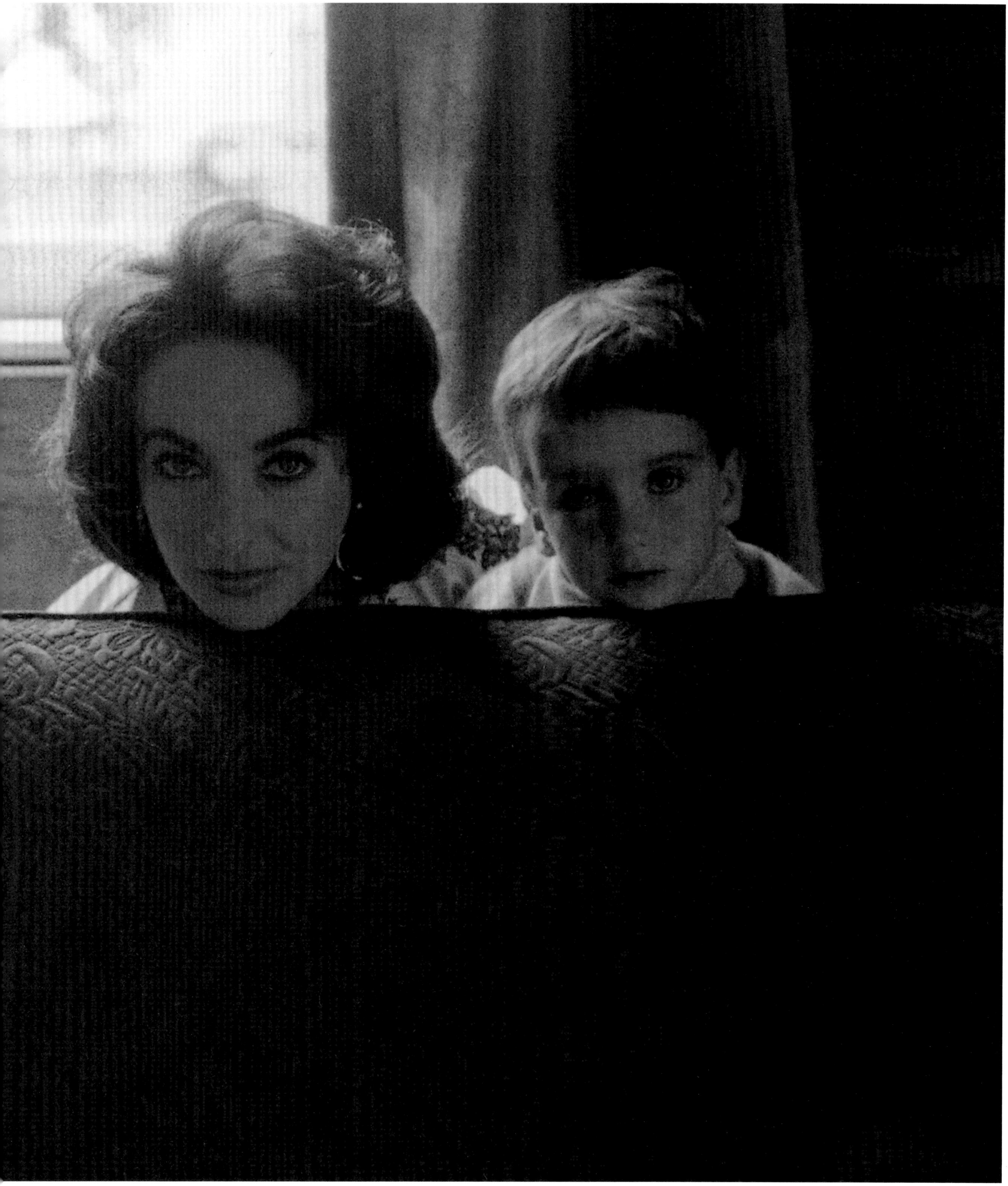

„Ich habe den Körper einer Erwachsenen und die Seele eines Kindes."

Elizabeth Taylor

Vorhergehende Seiten:
1958 | Die Familie bei sich zu Hause: Mike Todd, Elizabeth Taylor und ihre beiden Söhne Michael und Christopher.

1957 | Am 6. August kommt Elizabeth Taylors drittes Kind zur Welt: Elizabeth Frances, genannt Liza.

1958 | Elizabeth Taylor mit ihrer Tochter Liza auf dem Schoß und ihren Söhnen Michael und Christopher.

1958 | Ein Wochenende im Kreis ihrer Lieben: Elizabeth Taylor mit ihrem Mann Mike Todd und ihren Söhnen Michael und Christopher.

1959 | Elizabeth Taylor und ihr Sohn Christopher Wilding.

1965 | Auf seiner Yacht posiert Howard Taylor mit seiner Frau, seinen Kindern und seiner Schwester Elizabeth Taylor sowie deren Mann Richard Burton und den beiden Söhnen aus der Ehe mit ihrem zweiten Ehemann Michael Wilding, Michael Jr. und Christopher.

„Eine Hochzeit ist wie ein Restaurantbesuch: Ob man die richtige Wahl getroffen hat, weiß man erst, wenn man alles verdaut hat."

Elizabeth Taylor

1962 | Porträt Elizabeth Taylors im Alter von 30 Jahren.

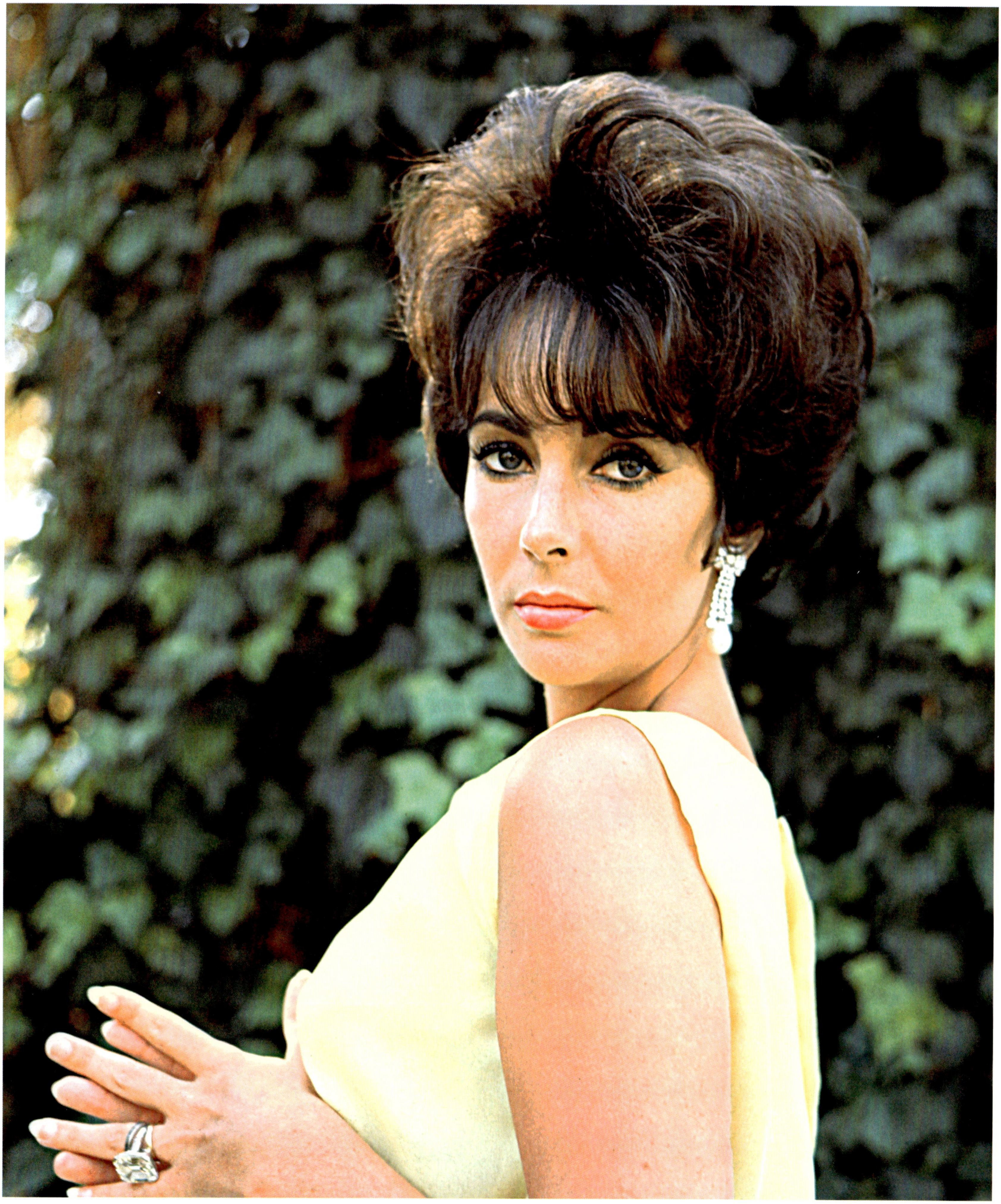

1959 | Elizabeth Taylor verlässt das Hotel Dorchester in London.

1957 | Danville, Kentucky: Auf dem Weg zu den Dreharbeiten zu *Das Land des Regenbaums* schläft Elizabeth neben Marguerite Lamkin ein.

1958 | Elizabeth Taylor und Paul Newman in *Die Katze auf dem heißen Blechdach* von Richard Brooks. Der Film basiert auf dem gleichnamigen, mit dem Pulitzer-Preis ausgezeichneten Theaterstück von Tennessee Williams.

1958 | *Die Katze auf dem heißen Blechdach* mit Elizabeth Taylor und Paul Newman wird sechsmal für den Oscar nominiert, darunter in den Kategorien Bester Hauptdarsteller, Beste Hauptdarstellerin und Beste Regie.

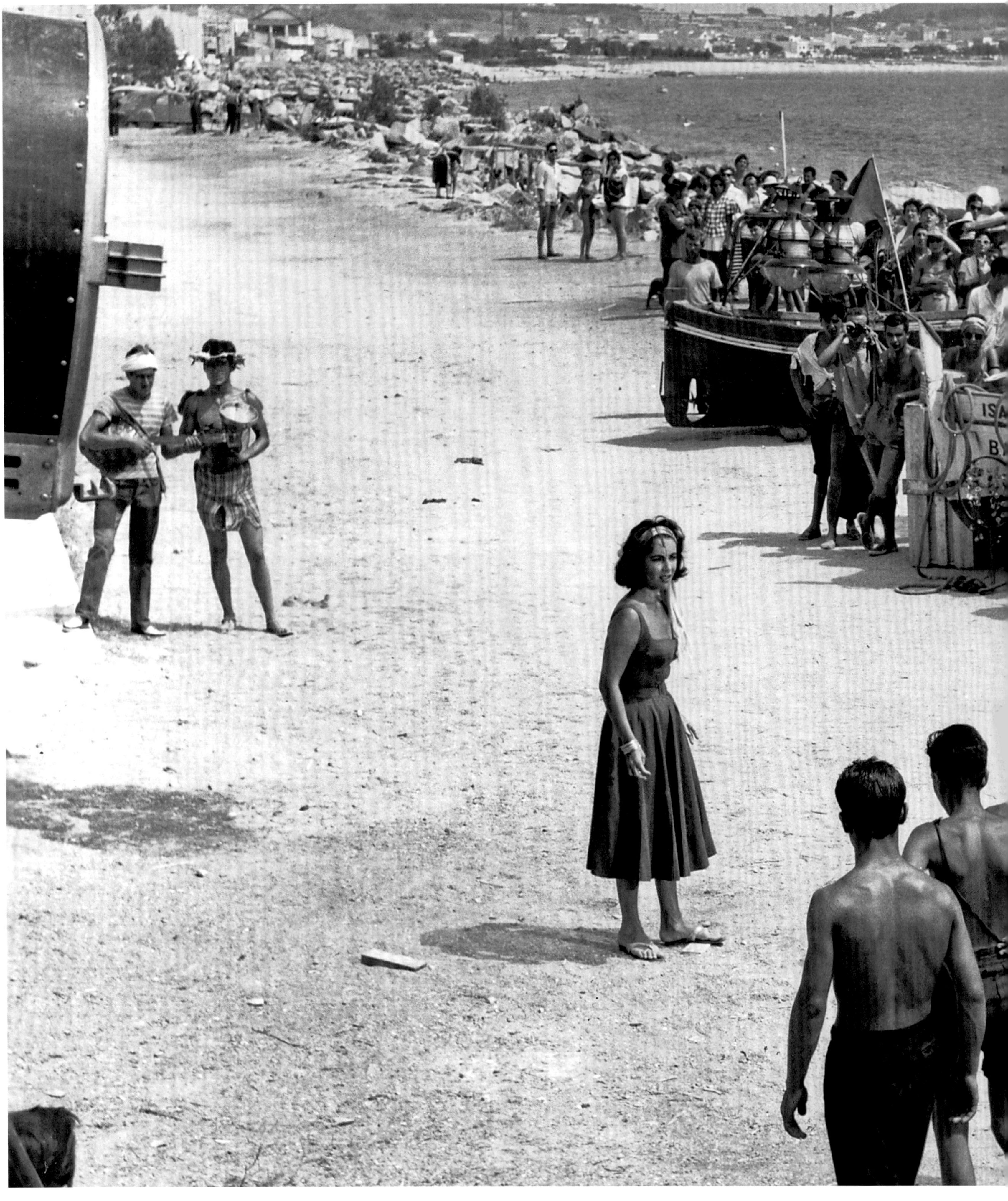

101

„Leider haben die Leute, die keine Laster haben, in den allermeisten Fällen die langweiligsten Tugenden."

Elizabeth Taylor

Vorhergehende Seiten:
1959 | Bei den Dreharbeiten zu *Plötzlich im letzten Sommer*. Das Drehbuch stammt von Tennessee Williams und Gore Vidal.

1959 | Elizabeth Taylor am Set von *Plötzlich im letzten Sommer* von Joseph L. Mankiewicz. Später schildert sie die Dreharbeiten als die anstrengendsten und zugleich inspirierendsten ihrer Karriere.

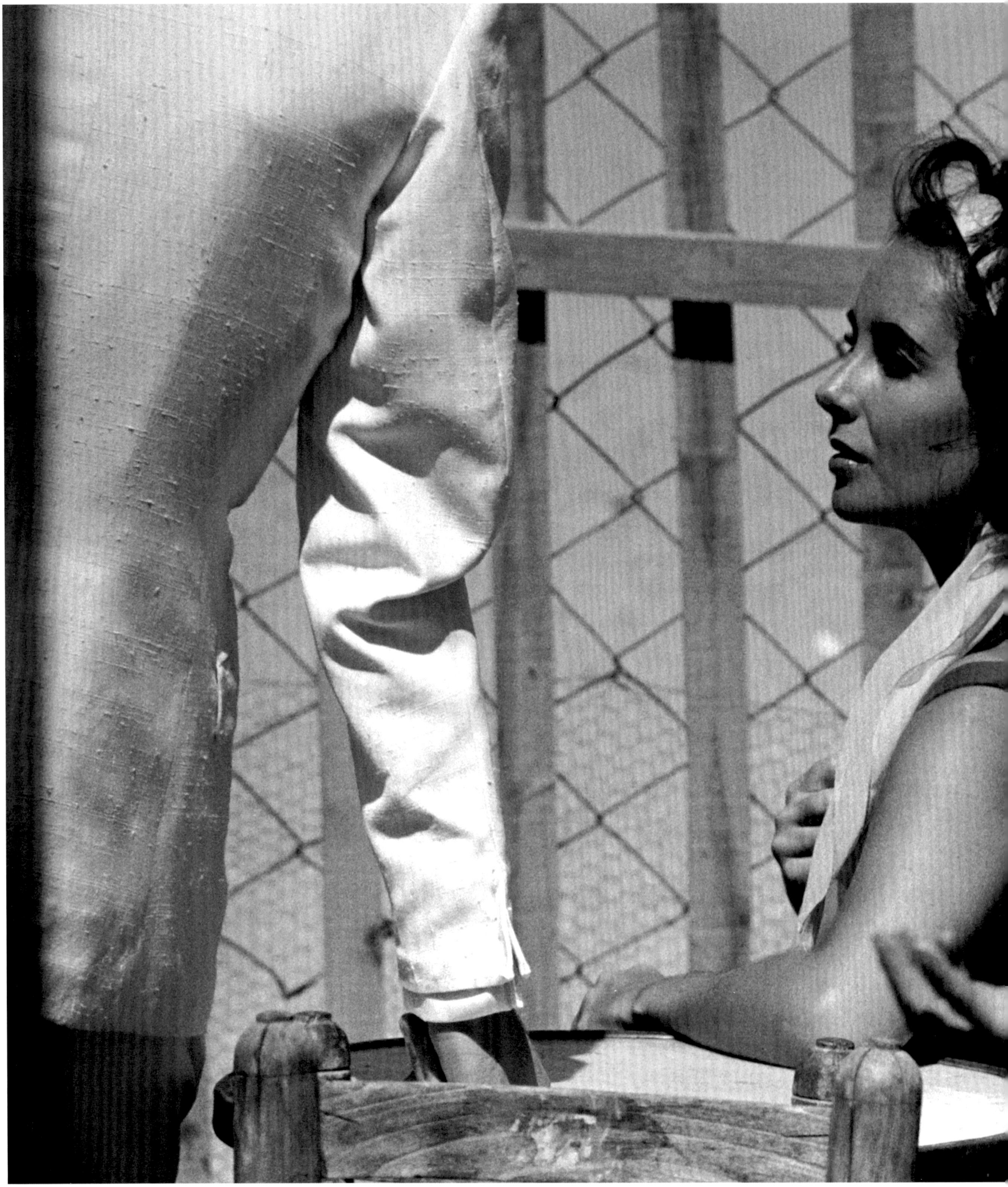

105

Vorhergehende Seiten:
1959 | Für ihre Rolle in *Plötzlich im letzten Sommer* wird Elizabeth Taylor zum dritten Mal für den Oscar nominiert, hat bei der Verleihung aber erneut das Nachsehen.

1959 | Elizabeth Taylor und ihr Sohn Christopher in S'Agaró in Spanien.

1959 | Am Rande der Dreharbeiten zu *Plötzlich im letzten Sommer* in Spanien entspannt sich Elizabeth Taylor mit ihren Söhnen Christopher und Michael und ihrem Ehemann Eddie Fisher.

1959 | Elizabeth Taylor und ihre Söhne Christopher und Michael im spanischen S'Agaró.

1959 | Elizabeth Taylor, ihr vierter Ehemann Eddie Fisher und ihr Sohn Christopher aus ihrer zweiten Ehe mit Michael Wilding.

„Wenn jemand dumm genug ist, mir eine Million Dollar für einen Film zu bieten, bin ich ganz sicher nicht so dumm, das auszuschlagen."

Elizabeth Taylor

1959 | Elizabeth Taylor mit 27 Jahren.

1959 | Porträt von Elizabeth Taylor am Set von *Plötzlich im letzten Sommer*. Unter der Regie von Joseph L. Mankiewicz steht sie mit Katharine Hepburn und Montgomery Clift vor der Kamera. Es ist ihr erster Film seit dem Tod ihres dritten Ehemannes; Mike Todd ist bei einem Flugzeugabsturz ums Leben gekommen.

113

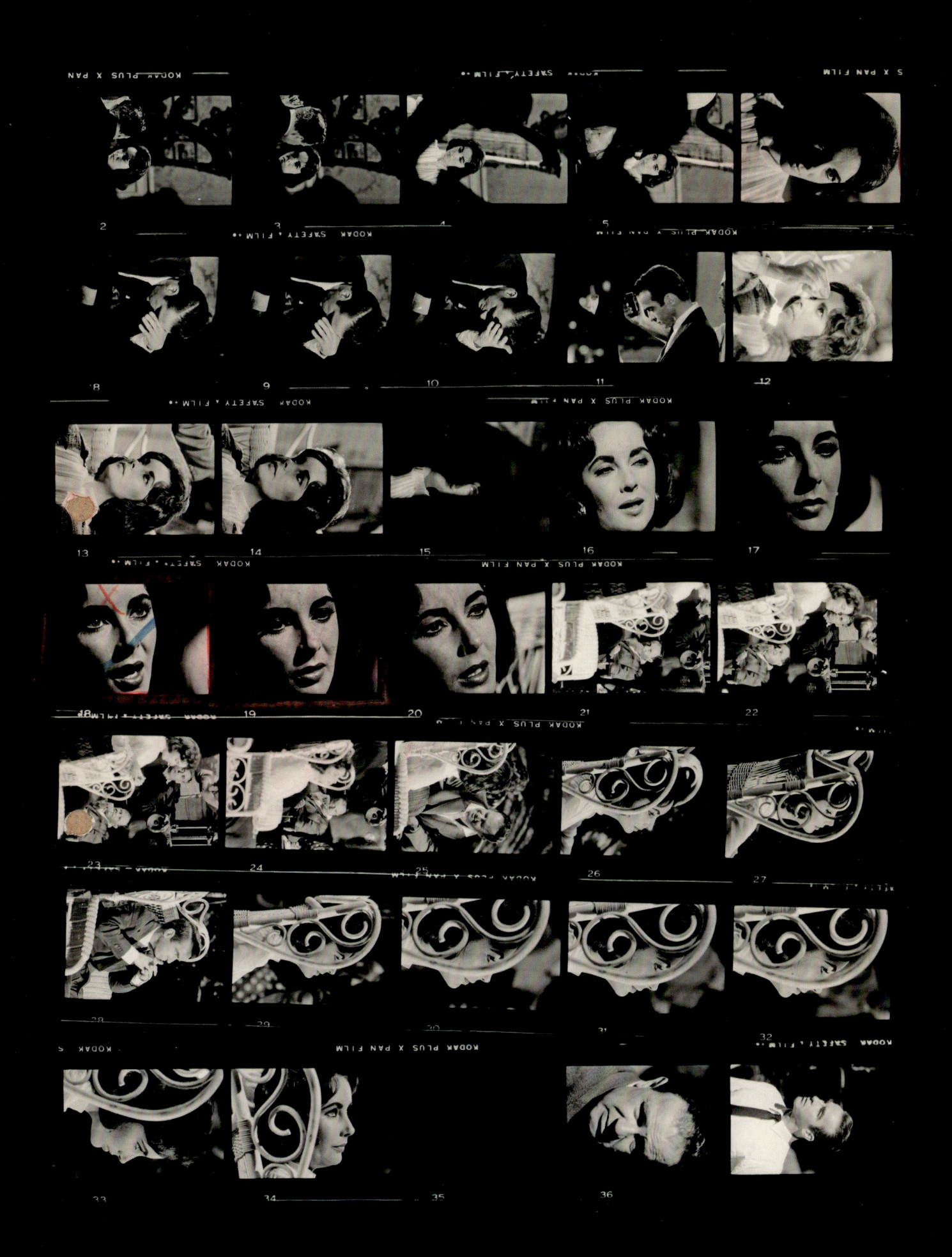

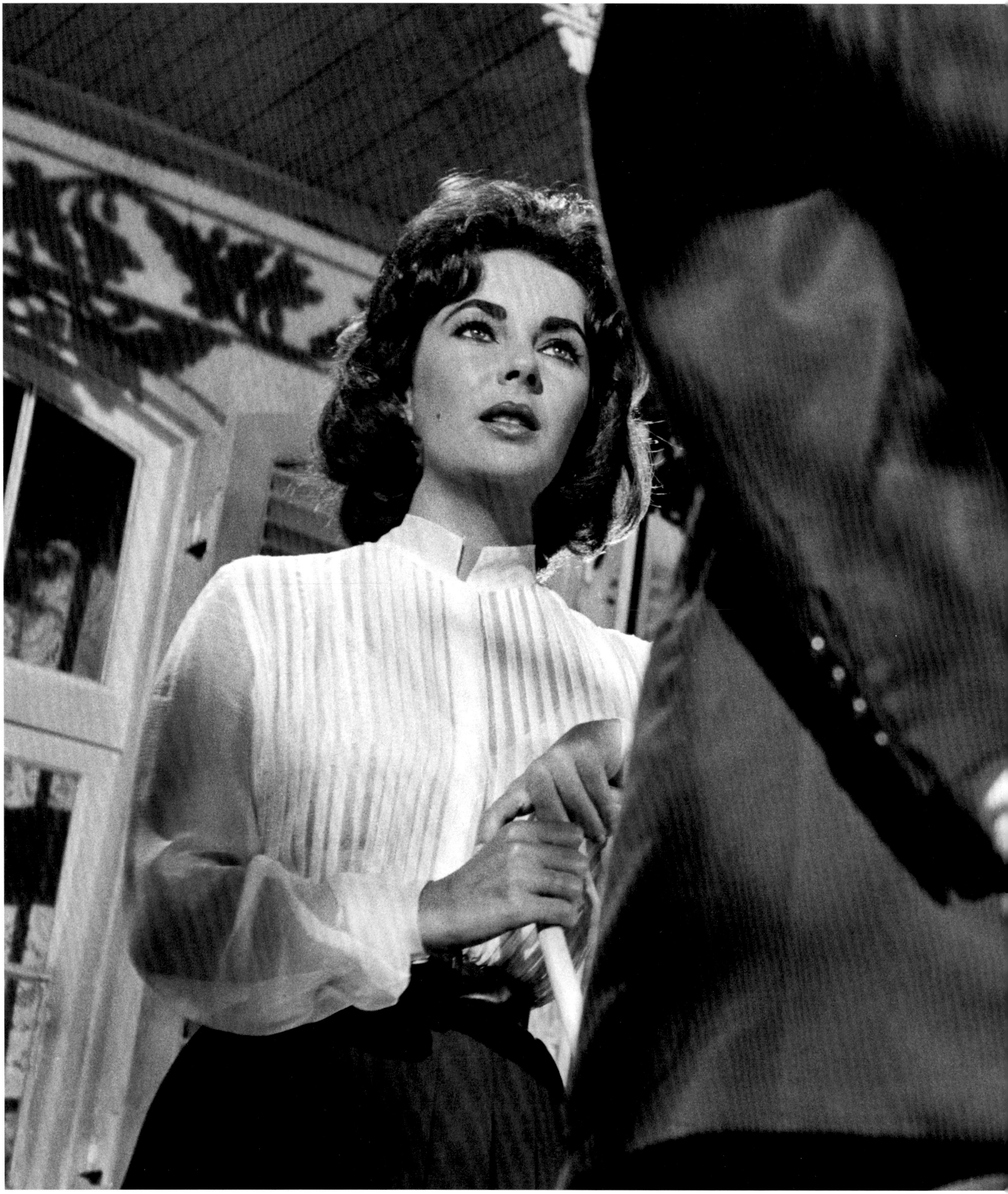

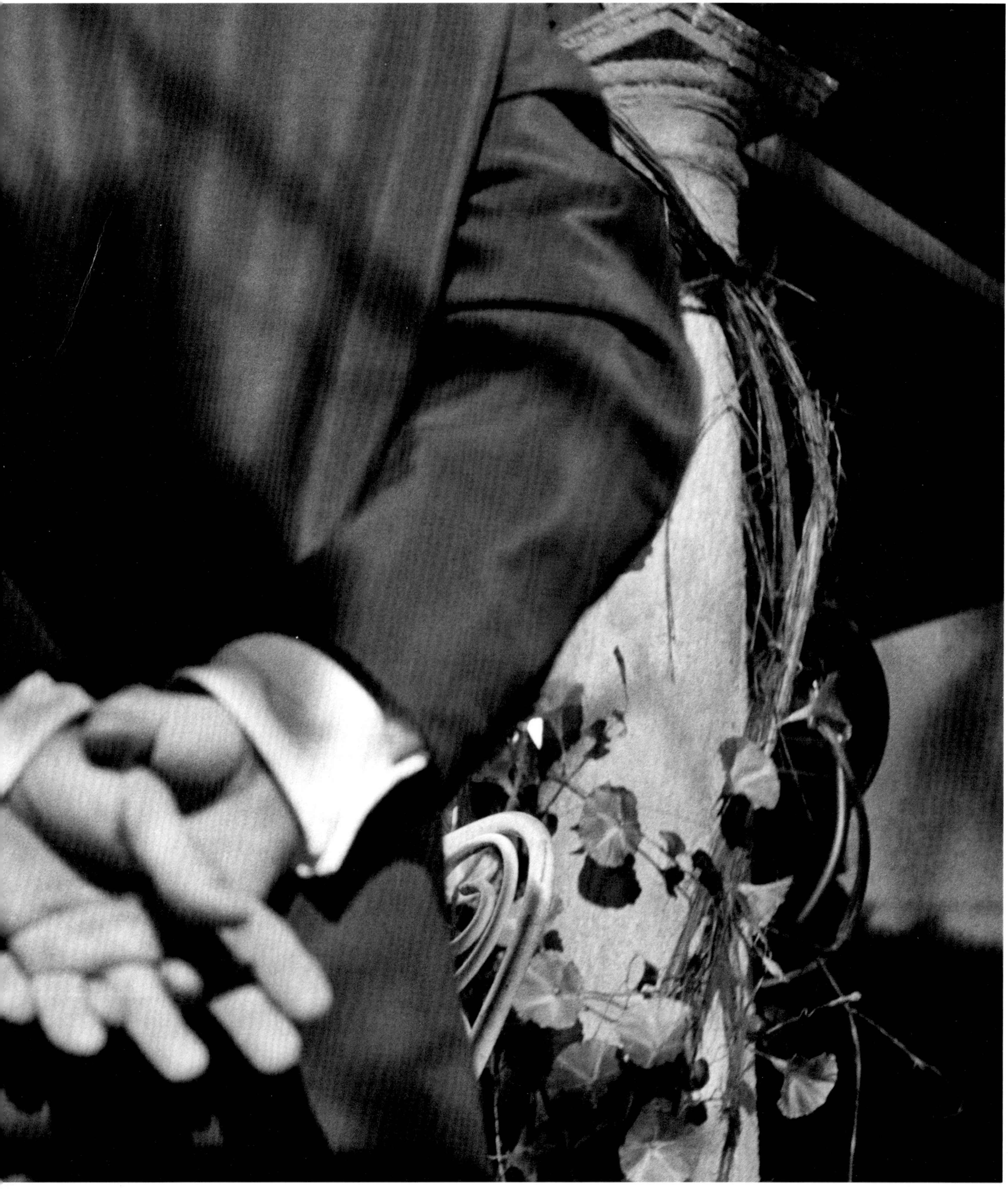

Vorhergehende Seiten:
1959 | Eine Szene aus *Plötzlich im letzten Sommer* mit Elizabeth Taylor und ihrem langjährigen Freund Montgomery Clift.

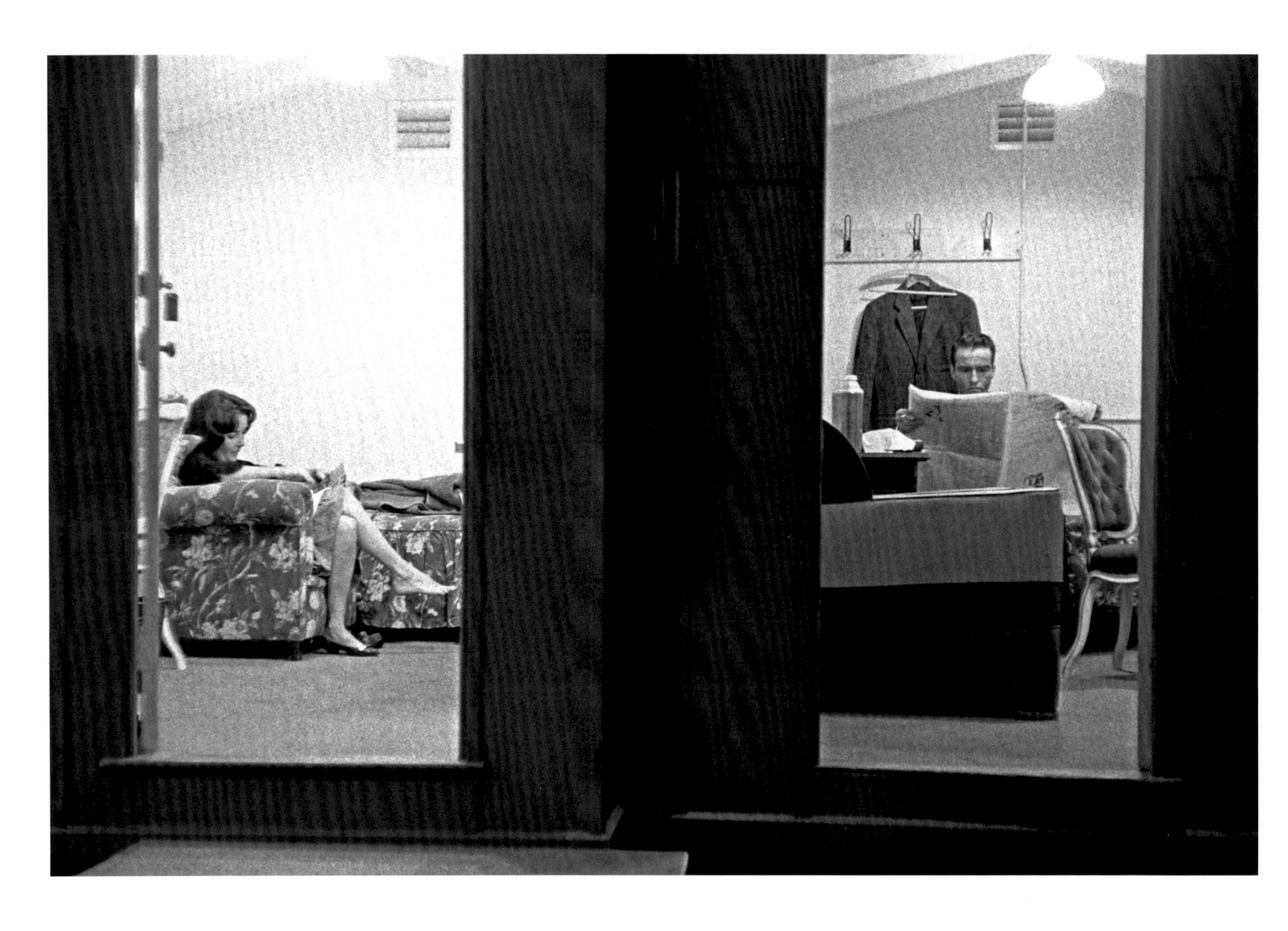

1959 | Elizabeth Taylor und Montgomery Clift bei einer Drehpause in ihren Garderoben.

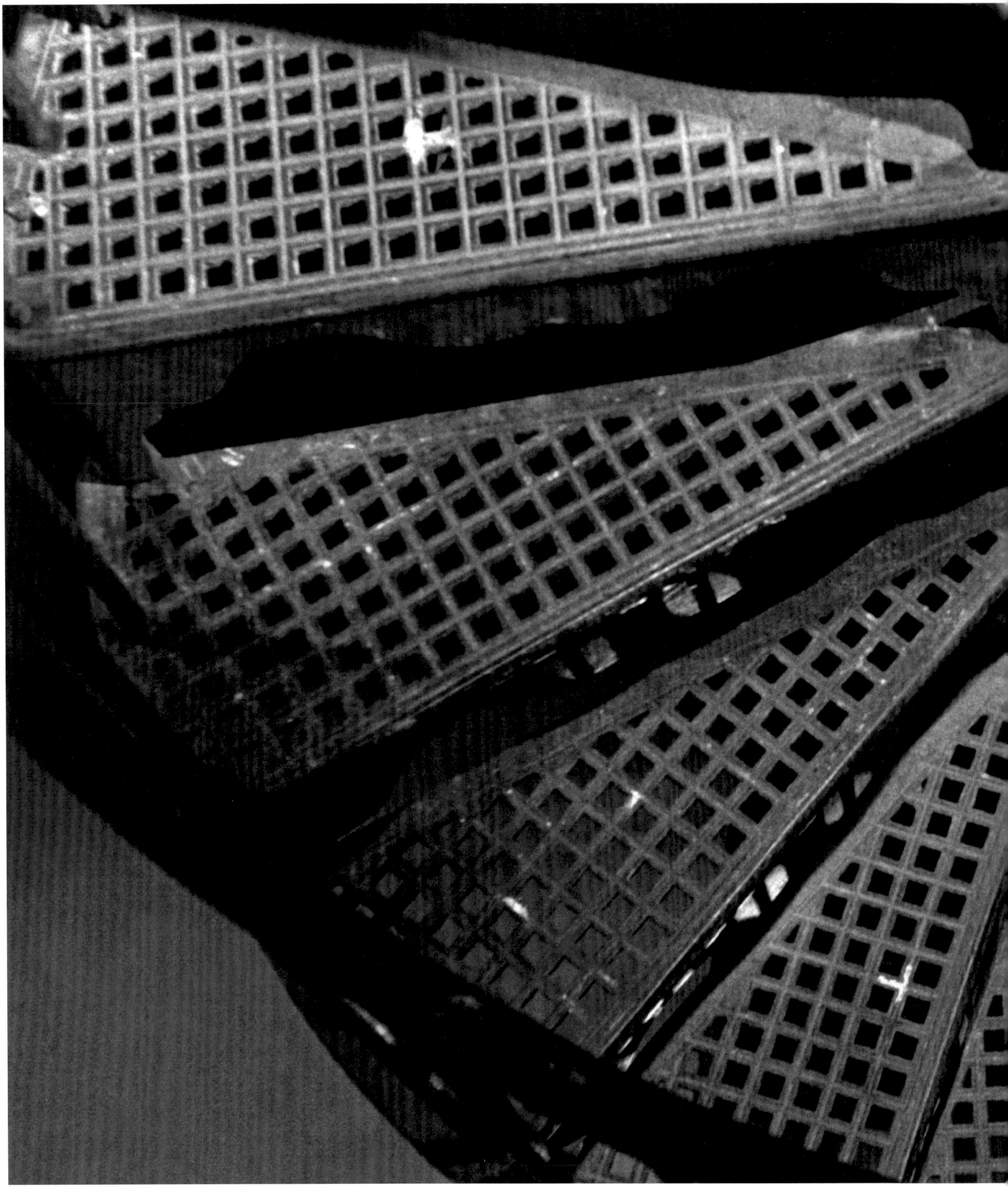

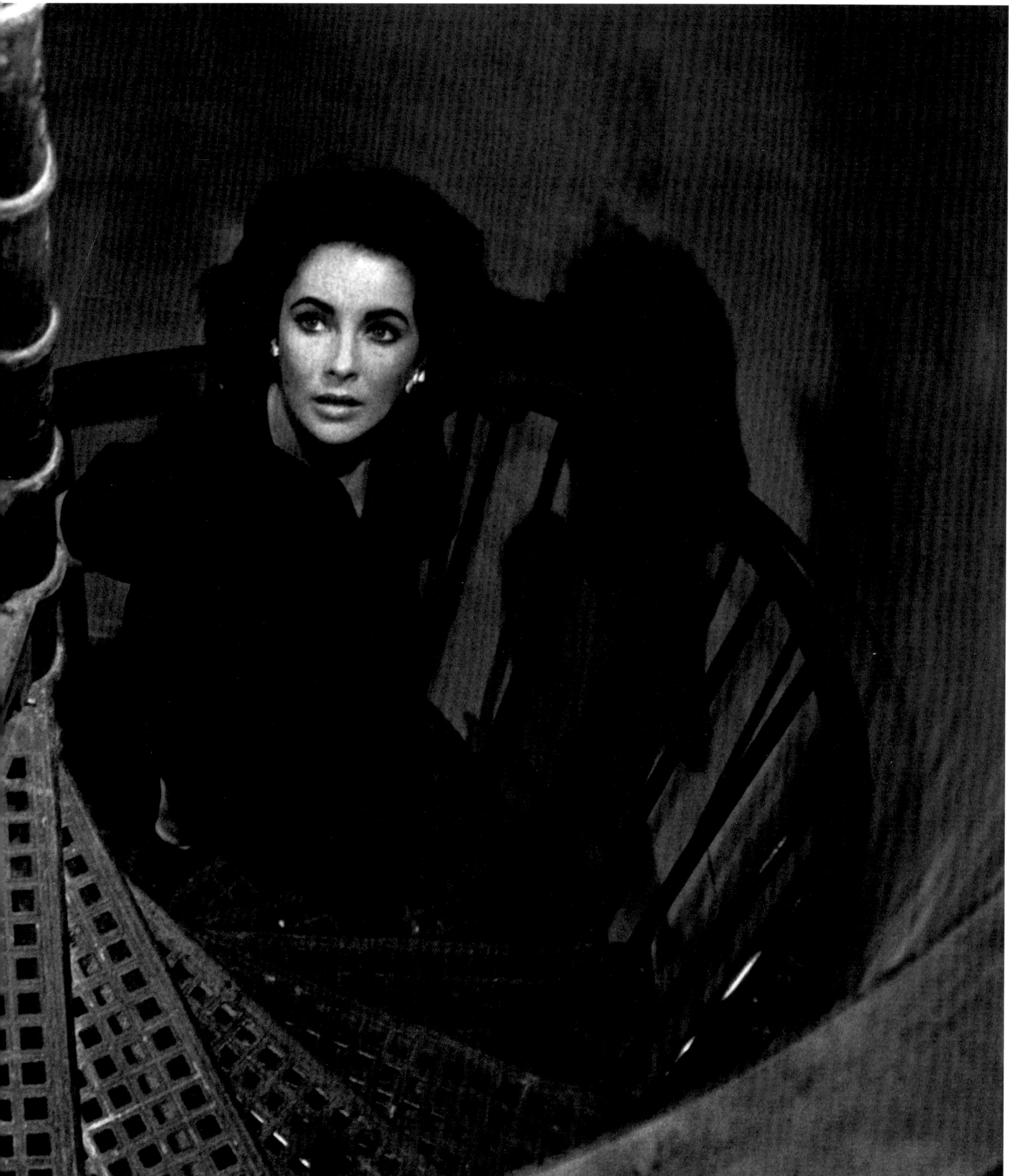

„Wahre Freunde erkennt man erst, wenn man in einen Skandal verwickelt ist."

Elizabeth Taylor

Vorhergehende Seiten:
1959 | Elizabeth Taylor bei den Dreharbeiten zu Joseph L. Mankiewiczs *Plötzlich im letzten Sommer* in London.

1960 | Porträt Elizabeth Taylors im Alter von 28 Jahren.

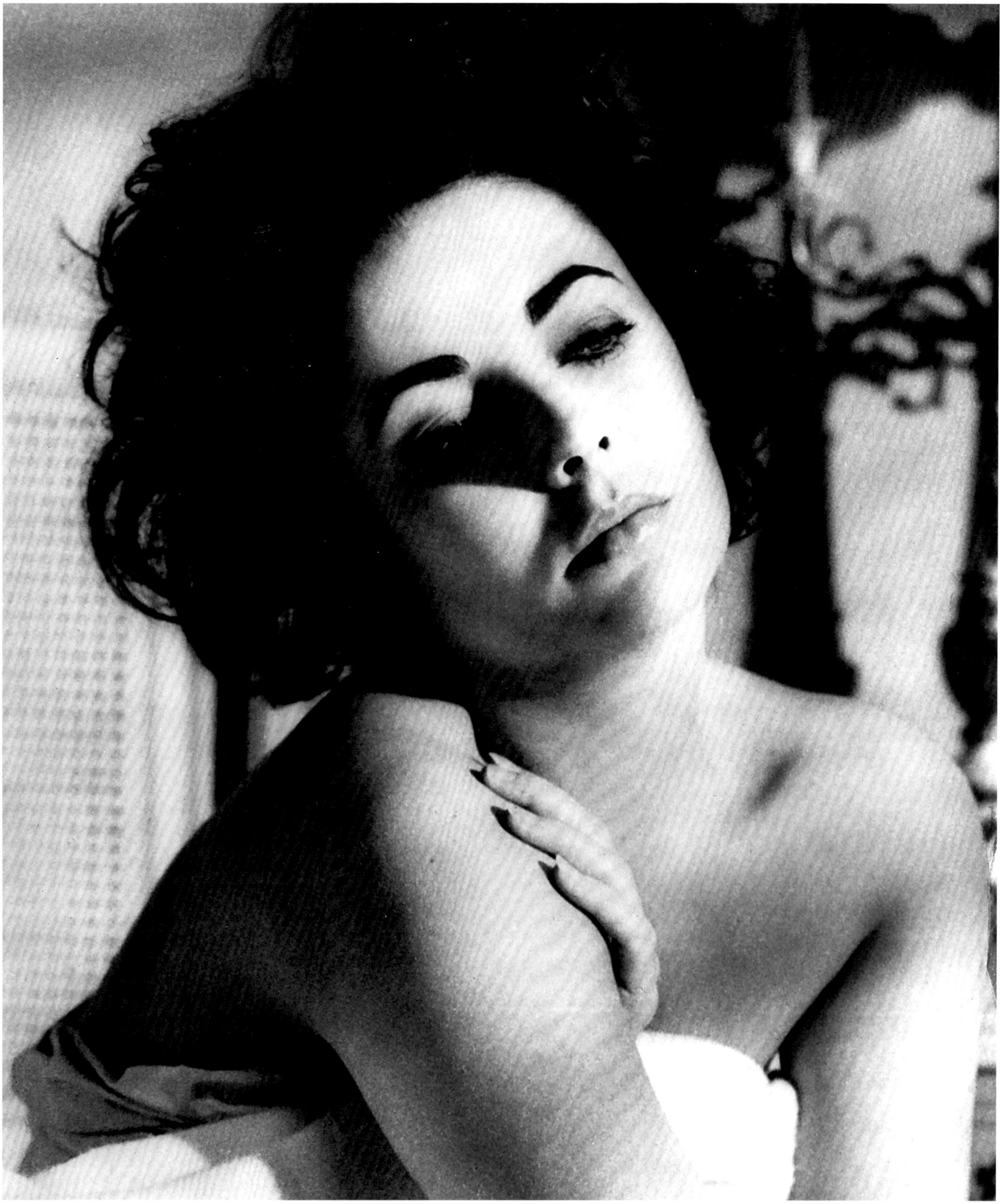

1960 | Filmplakat zu *Telefon Butterfield 8* von Daniel Mann.

1960 | Die Produktionsgesellschaft MGM profitiert von Elizabeth Taylors skandalträchtigem Image und besetzt sie in *Telefon Butterfield 8* als Edelprostituierte. Die Schauspielerin verabscheut die Rolle, die ihr allerdings nach drei Nominierungen den ersten Oscar einträgt.

124

Elizabeth Taylor

1956 | Anlässlich der Premiere ihres Films *Giganten* verewigt sich Elizabeth Taylor mit dem Abdruck ihrer Hände im berühmten Walk of Fame in Hollywood. Hinter ihr Rock Hudson, neben ihr der Regisseur George Stevens.

1961 | Für ihre Rolle in *Telefon Butterfield 8* von Daniel Mann wird Elizabeth Taylor mit dem Oscar für die beste Hauptdarstellerin ausgezeichnet.

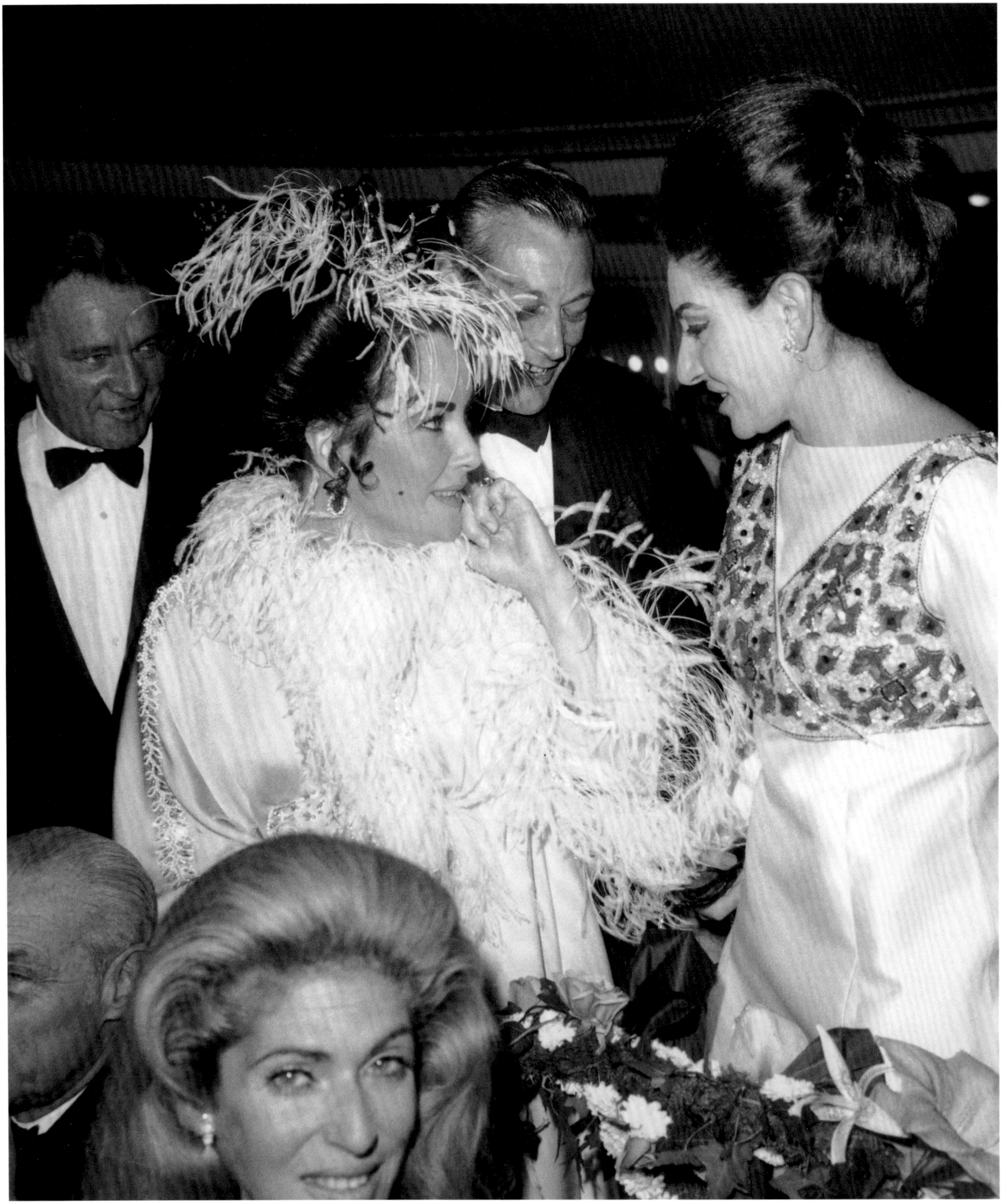

1968 | Elizabeth Taylor und Maria Callas unterhalten sich bei der Premiere der Komödie *Der Floh im Ohr* im Théâtre Marigny in Paris. Hinter ihnen Richard Burton, vor ihnen der Baron Guy de Rothschild und seine zweite Frau, Marie-Hélène de Rothschild.

1967 | Im Palazzo Ca' Rezzonico nehmen Elizabeth Taylor und Aristoteles Onassis an einem Maskenball zugunsten der Opfer der Überflutungen in Venedig teil.

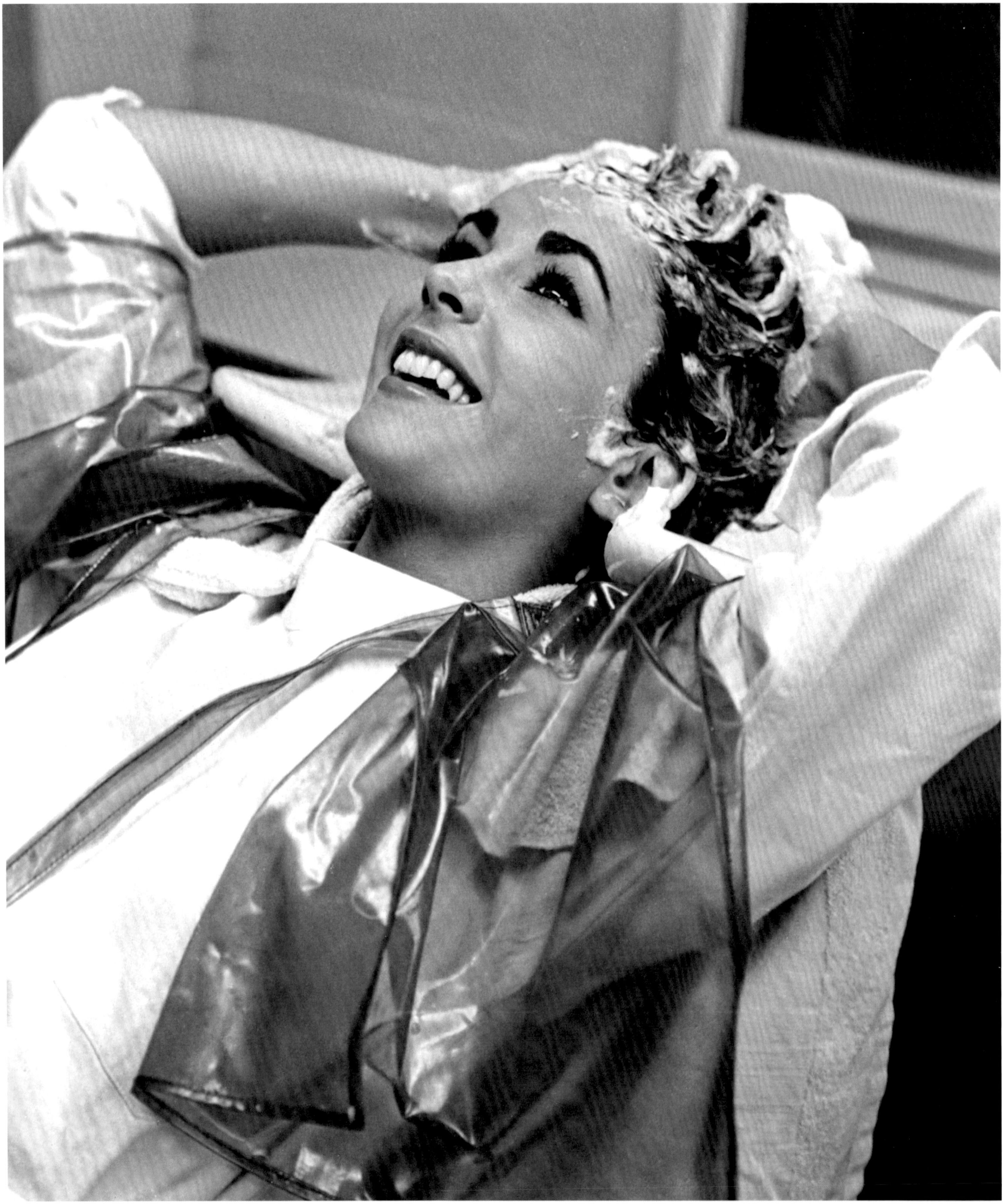

1952 | Elizabeth Taylor in ihrer Garderobe, während der Dreharbeiten zu *Ivanhoe – Der schwarze Ritter* von Richard Thorpe.

1963 | Am Set des Films *Cleopatra* schminkt Elizabeth Taylor ihr Augen-Make-up nach.

„Ich habe alles durchgemacht, Schätzchen. Ich bin Mutter Courage."

Elizabeth Taylor

1963 | Am Set von *Hotel International* posiert Elizabeth Taylor in ihrer Garderobe. In dem Film von Anthony Asquith spielt sie neben ihrem Ehemann Richard Burton und Margaret Rutherford, die den Oscar als beste Nebendarstellerin erhält.

131

1963 | Filmplakat zu *Cleopatra* von Joseph L. Mankiewicz mit Richard Burton, Elizabeth Taylor und Rex Harrison. Der Film erhält sieben Auszeichnungen, darunter vier Oscars.

1963 | Elizabeth Taylor ist 31 Jahre alt, als sie in die Rolle der legendären Kleopatra schlüpft.

1963 | Wie Kleopatra weiß Elizabeth ihre Macht zu nutzen: In knallharten Verhandlungen ringt sie dem Filmstudio den besten Vertrag ab, den es in der Geschichte des Kinos je gegeben hat.

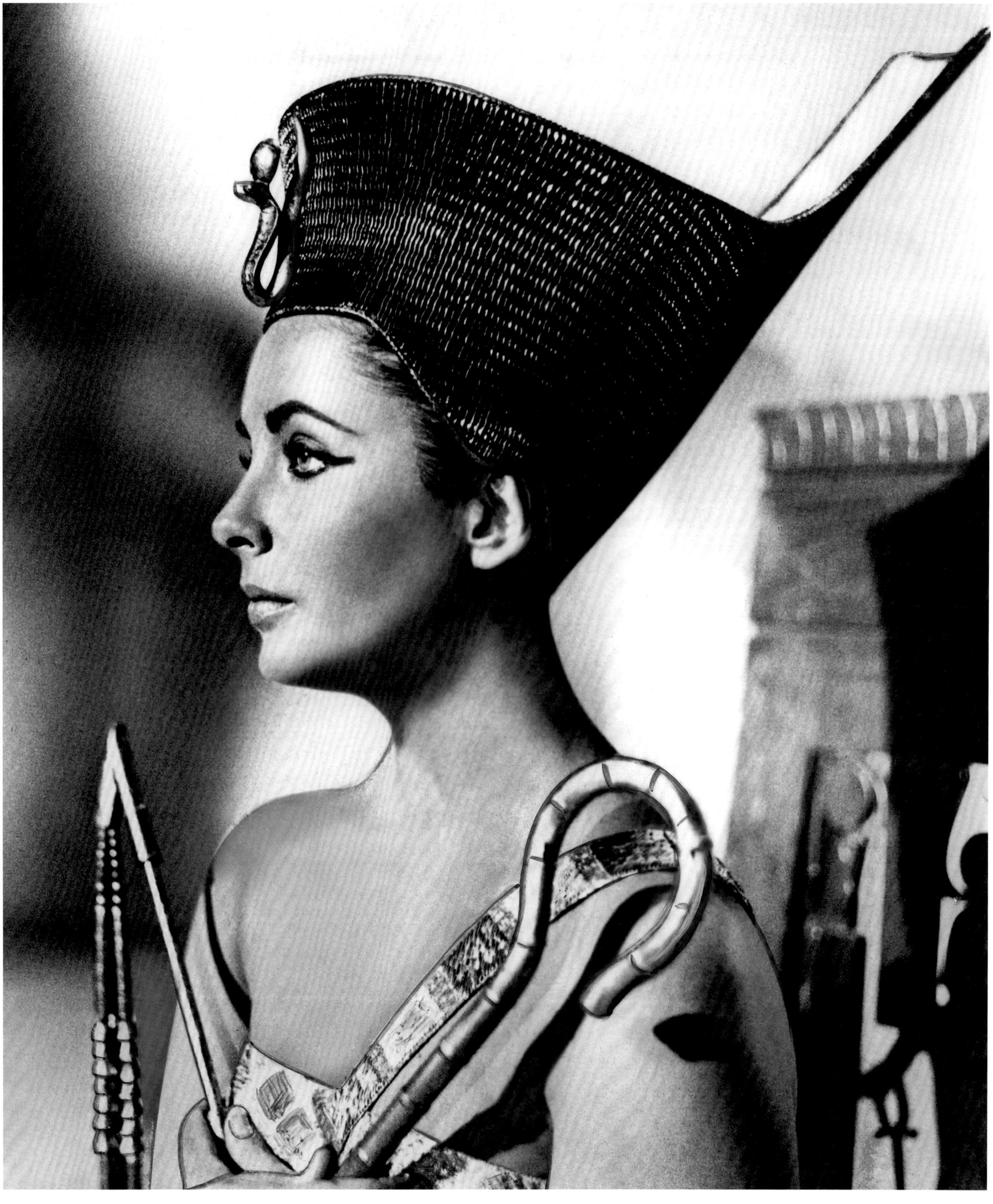

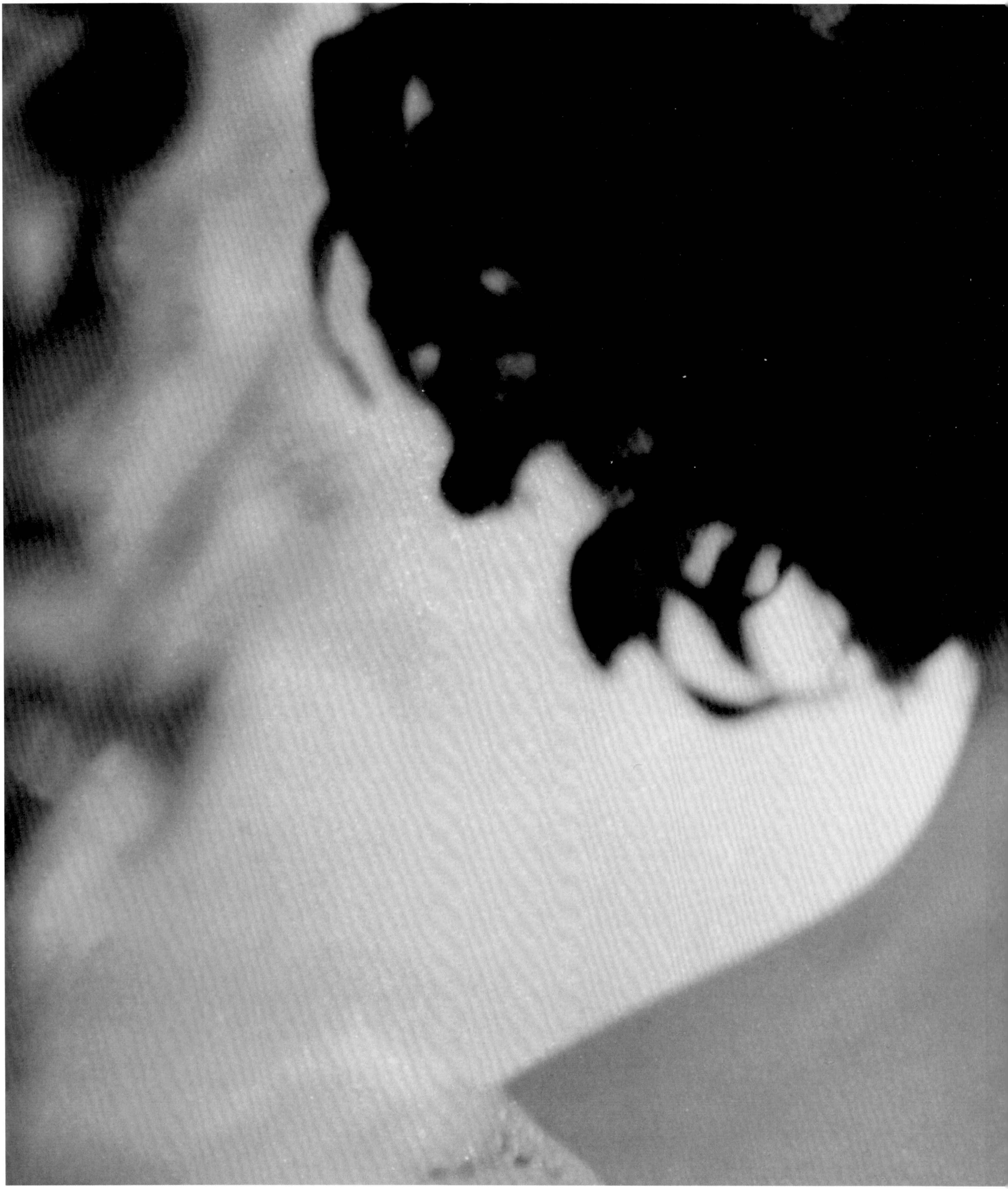

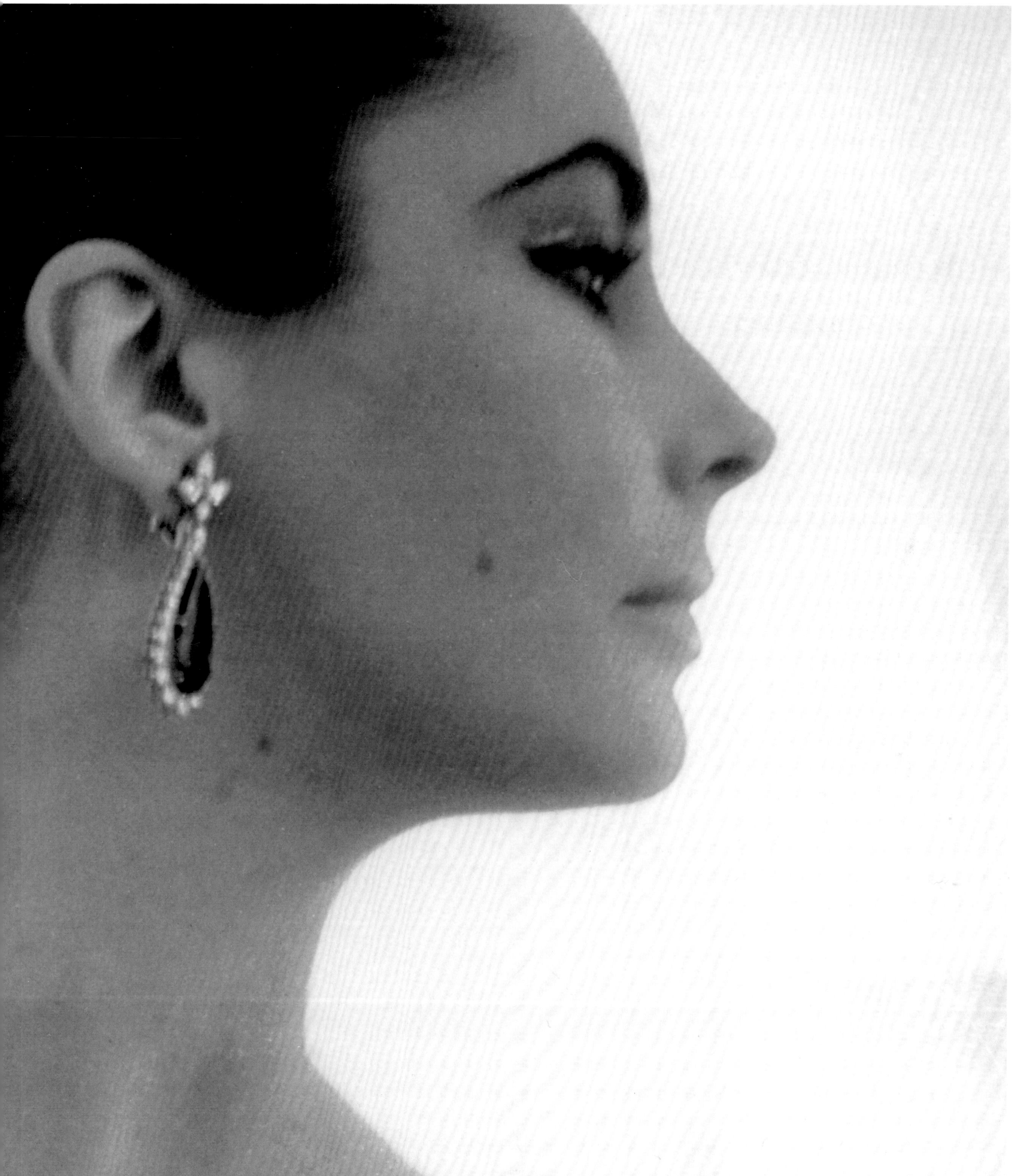

Vorhergehende Seiten:
1963 | Elizabeth Taylor mit 31 Jahren.

1963 | Im Beisein ihres zukünftigen Ehemannes Richard Burton macht sich Elizabeth Taylor für einen Galaabend bereit.

„Geld ist nicht alles im Leben ... es gibt ja auch Pelze und Schmuck!"

Elizabeth Taylor

1973 | Porträt der 41-jährigen Elizabeth Taylor am Set von Larry Peerces *Die Rivalin*.

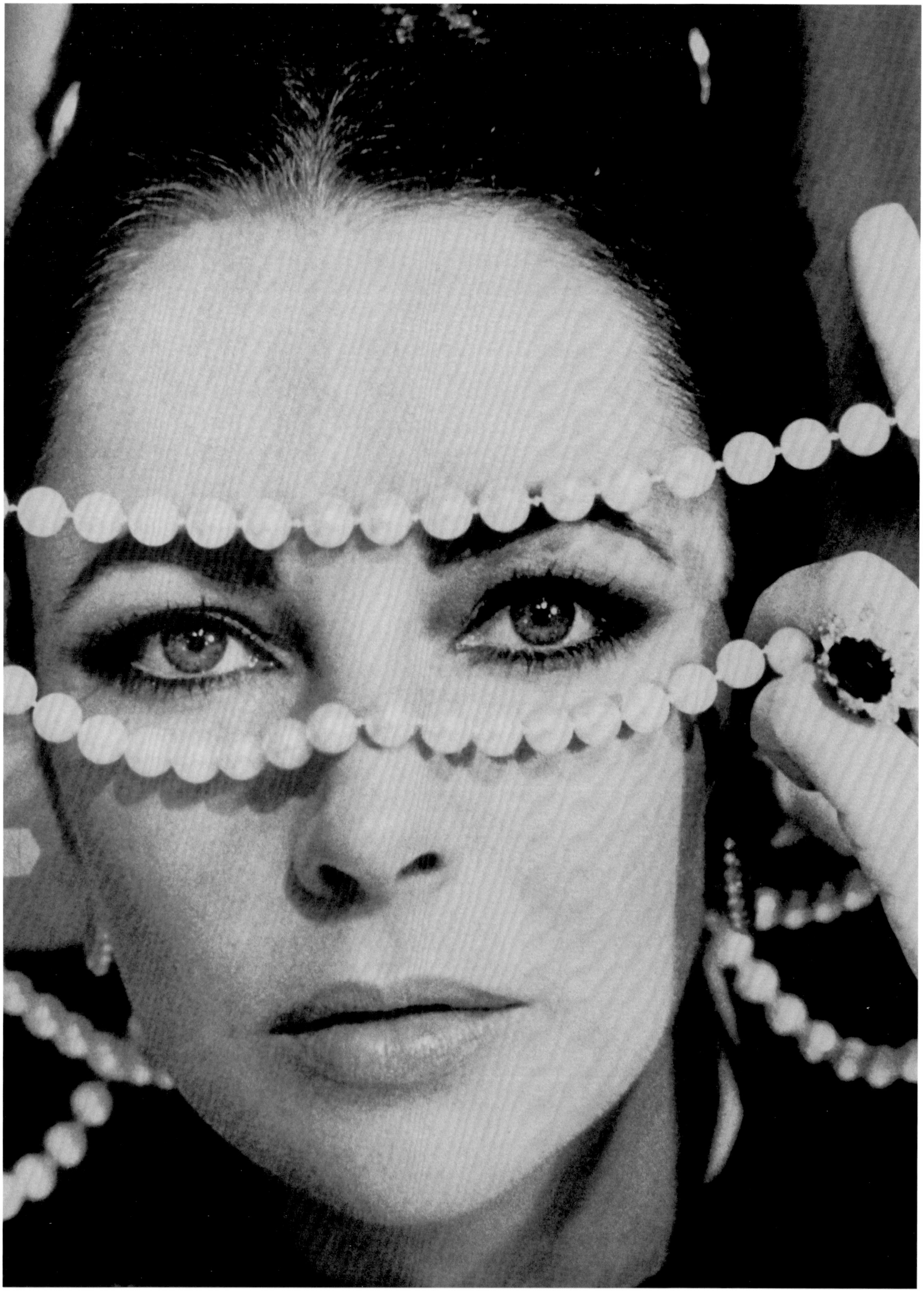

1963 | Elizabeth Taylor und Richard Burton schäkern miteinander.

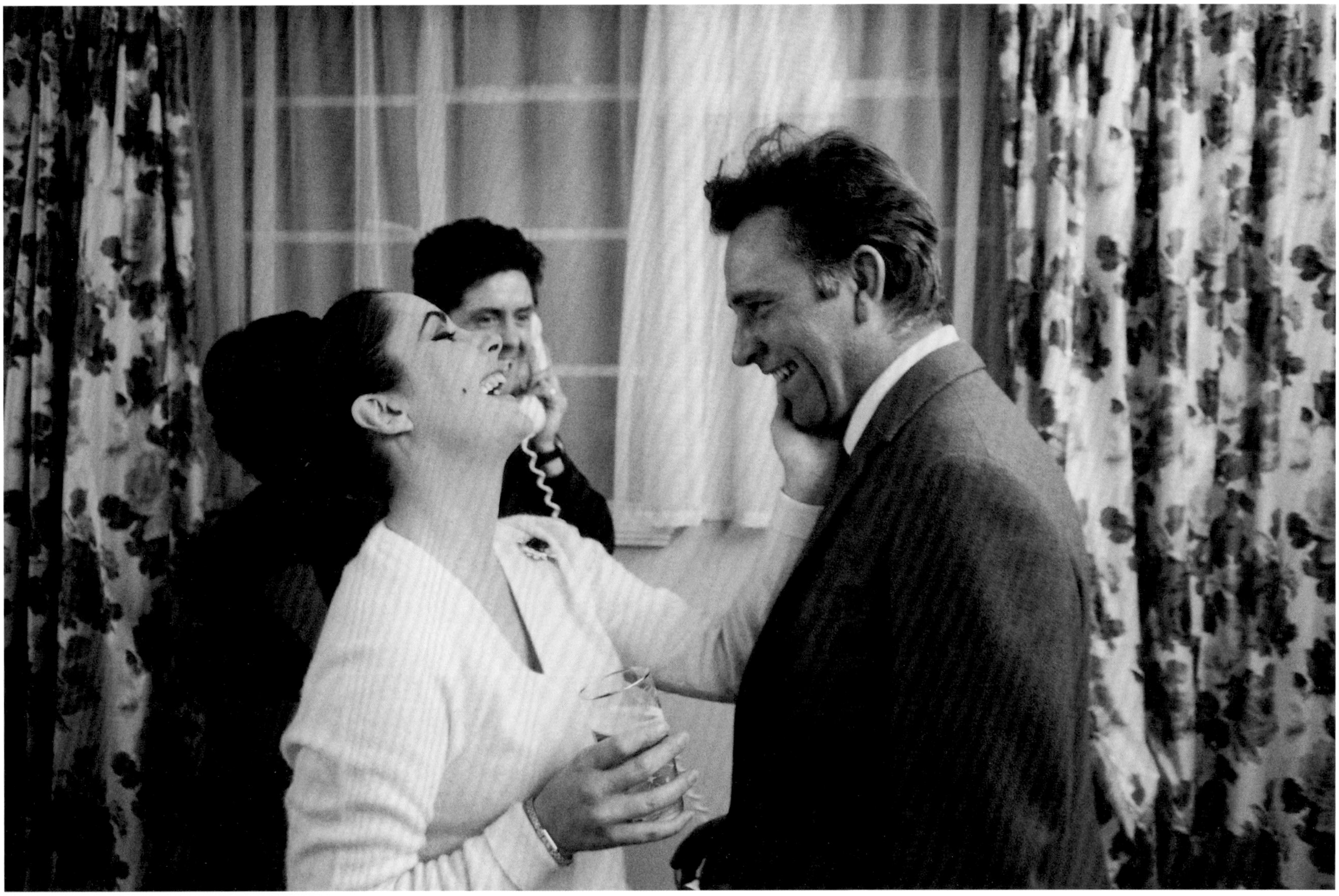

144

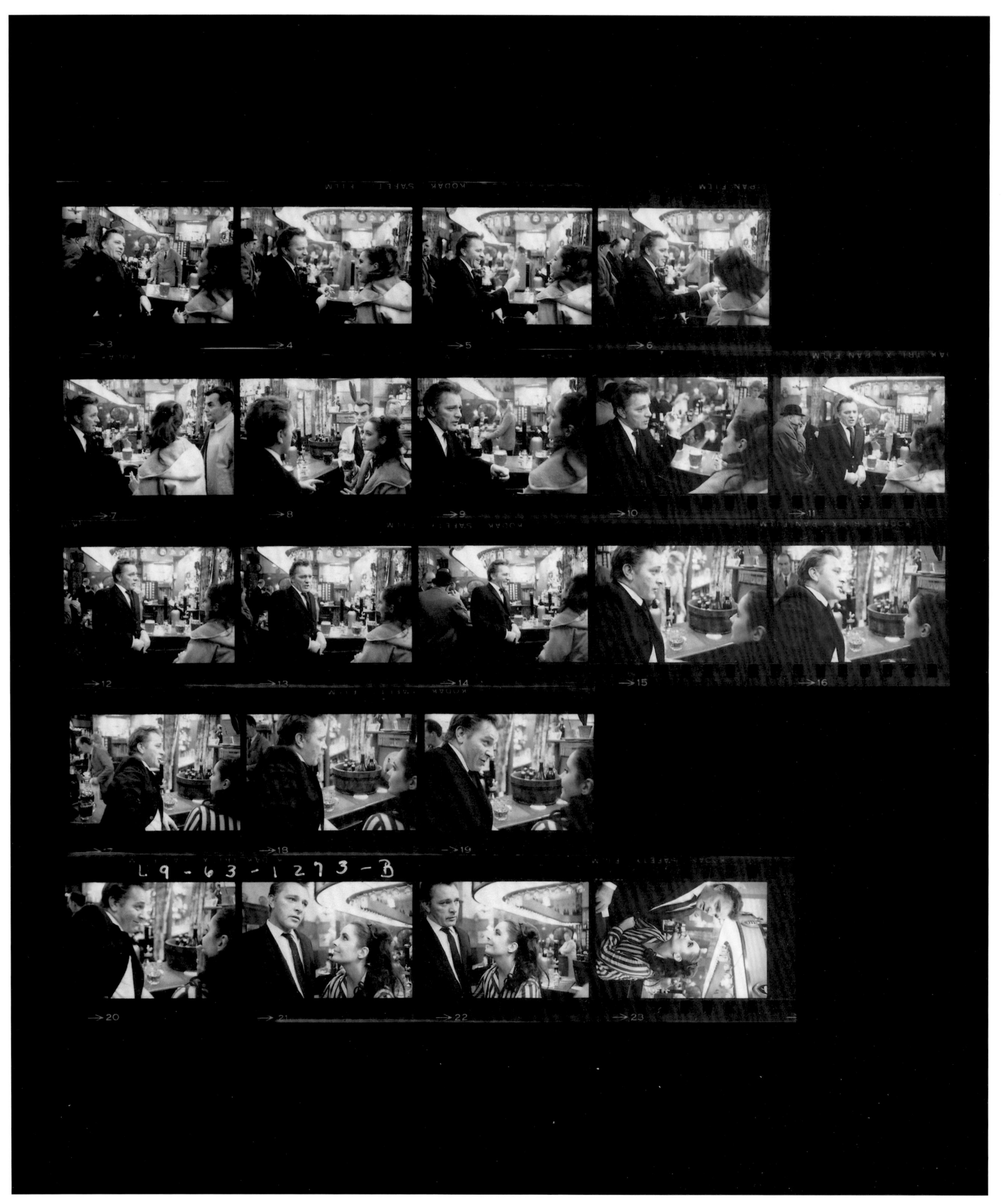

1963 | Elizabeth Taylor und Richard Burton an der Bar ihres Hotels.

1964 | Elizabeth Taylor heiratet Richard Burton.

1968 | Elizabeth Taylor und ihr Ehemann Richard Burton in den Fernsehstudios von Bristol. Sie trägt den Ring mit dem Krupp-Diamanten (33,19 Karat, aus dem Besitz Vera Krupps), den sie bei einer Auktion ersteigert hat.

„Die Liebe ist für mich förmlich zu einer Droge geworden."

Elizabeth Taylor

1965 | Richard Burton und Elizabeth Taylor, ein Jahr nach ihrer ersten Hochzeit.

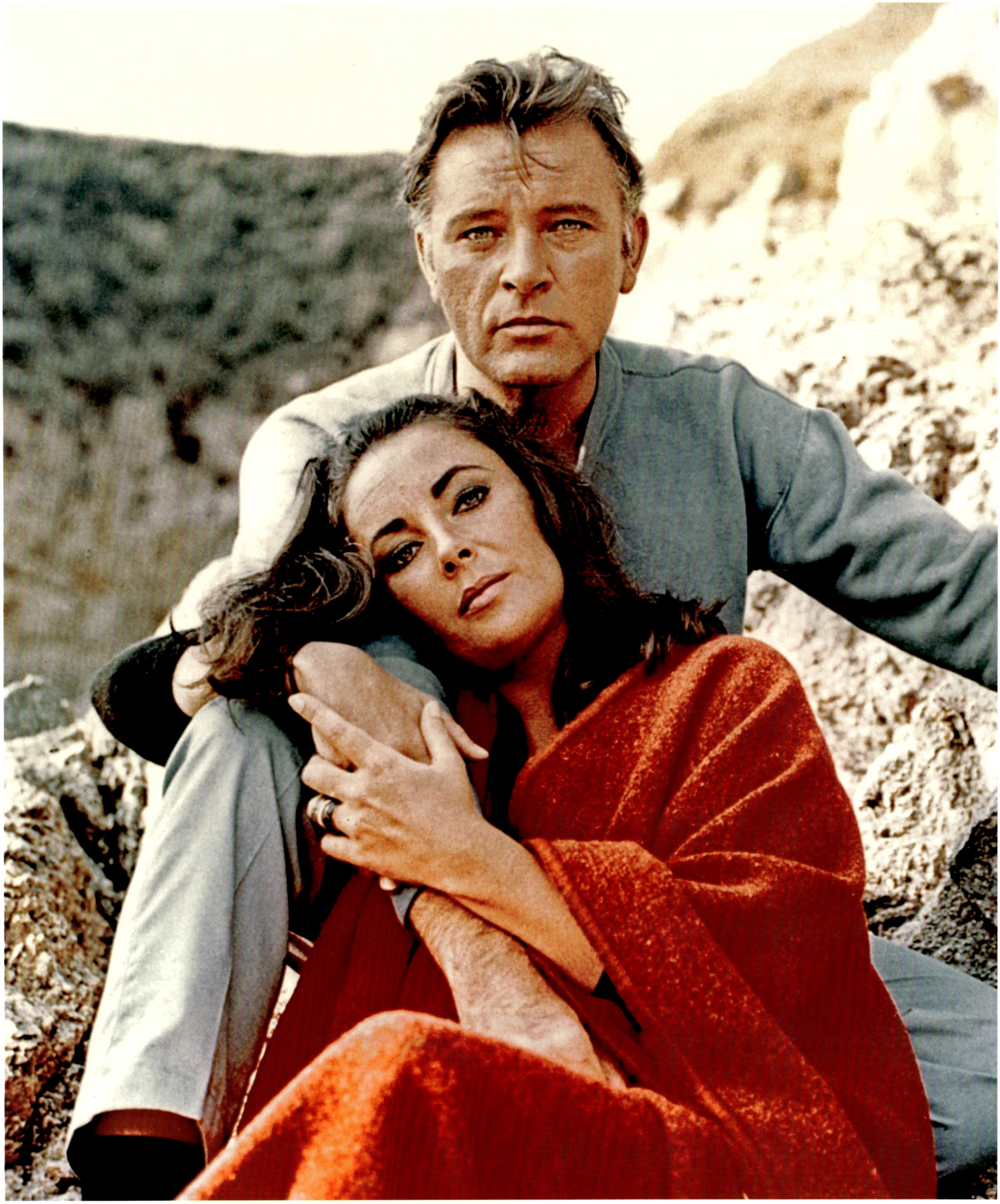

1964 | Richard Burton und Elizabeth Taylor gehören zu den legendären Liebespaaren Hollywoods.

1964 | Elizabeth Taylor und ihre Tochter Liza auf dem Cover der Zeitschrift *Look*.

LOOK

NOW MORE THAN 7,400,000 CIRCULATION

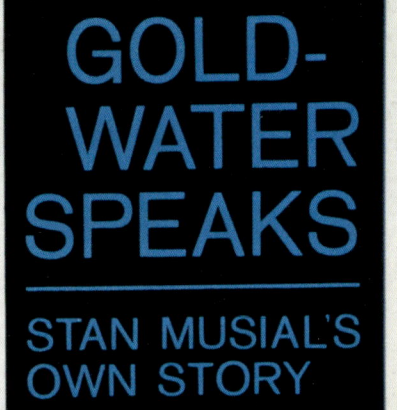

25 CENTS · APRIL 21, 1964

GOLD-WATER SPEAKS

STAN MUSIAL'S OWN STORY

ELIZABETH TAYLOR AND HER DAUGHTER

1964 | Zwischen zwei Filmprojekten entspannt sich Elizabeth Taylor im mexikanischen Puerta Vallarta in dem Ferienhaus, das Richard Burton ihr geschenkt hat.

1966 | Elizabeth Taylor und Richard Burton bei der Lektüre des Drehbuchs am Set des Films *Wer hat Angst vor Virginia Woolf?*.

153

Elizabeth **TAYLOR** Richard **BURTON**

in Ernest Lehman's Production of
Edward Albee's

Who's Afraid of VIRGINIA WOOLF?

You are cordially invited to George and Martha's for an evening of fun and games.

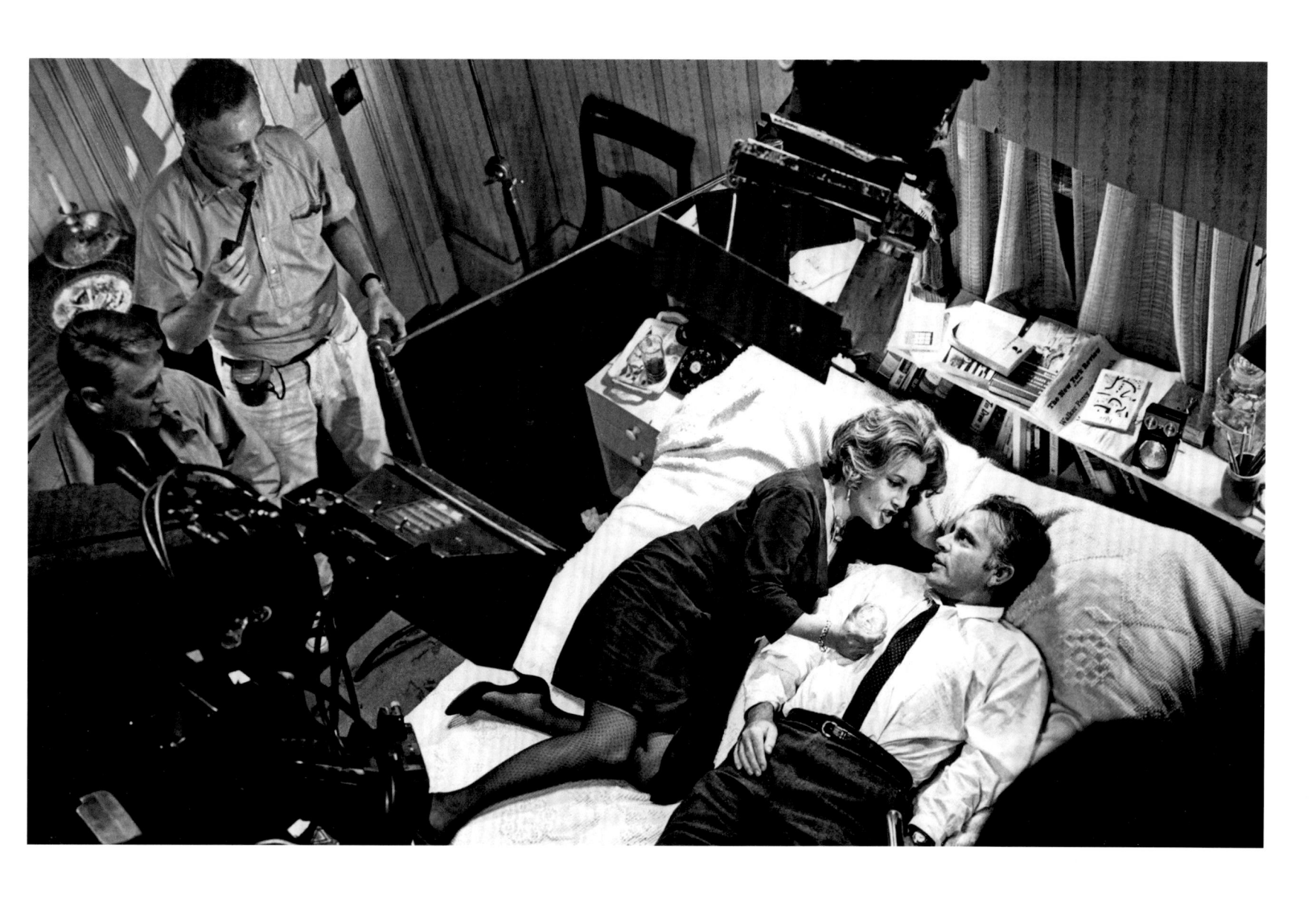

1966 | Filmplakat zu *Wer hat Angst vor Virginia Woolf?* von Mike Nichols. Der Film erhält 18 Filmpreise, darunter fünf Oscars.

1966 | Der Regisseur Mike Nichols dreht eine Szene aus *Wer hat Angst vor Virginia Woolf?*. Für ihre Rolle muss Elizabeth Taylor zunehmen, mit anderer Stimme sprechen und sich von den Maskenbildnern 20 Jahre älter machen lassen. Ihre Leistung wird mit dem zweiten Oscar ihrer Karriere bedacht.

„Erfolg ist ein sehr wirkungsvolles Deodorant. Er lässt alle alten Gerüche verschwinden."

Elizabeth Taylor

1970 | Elizabeth Taylor mit ihrem Ehemann Richard Burton beim Galadiner im Anschluss an die 42. Oscarverleihung.

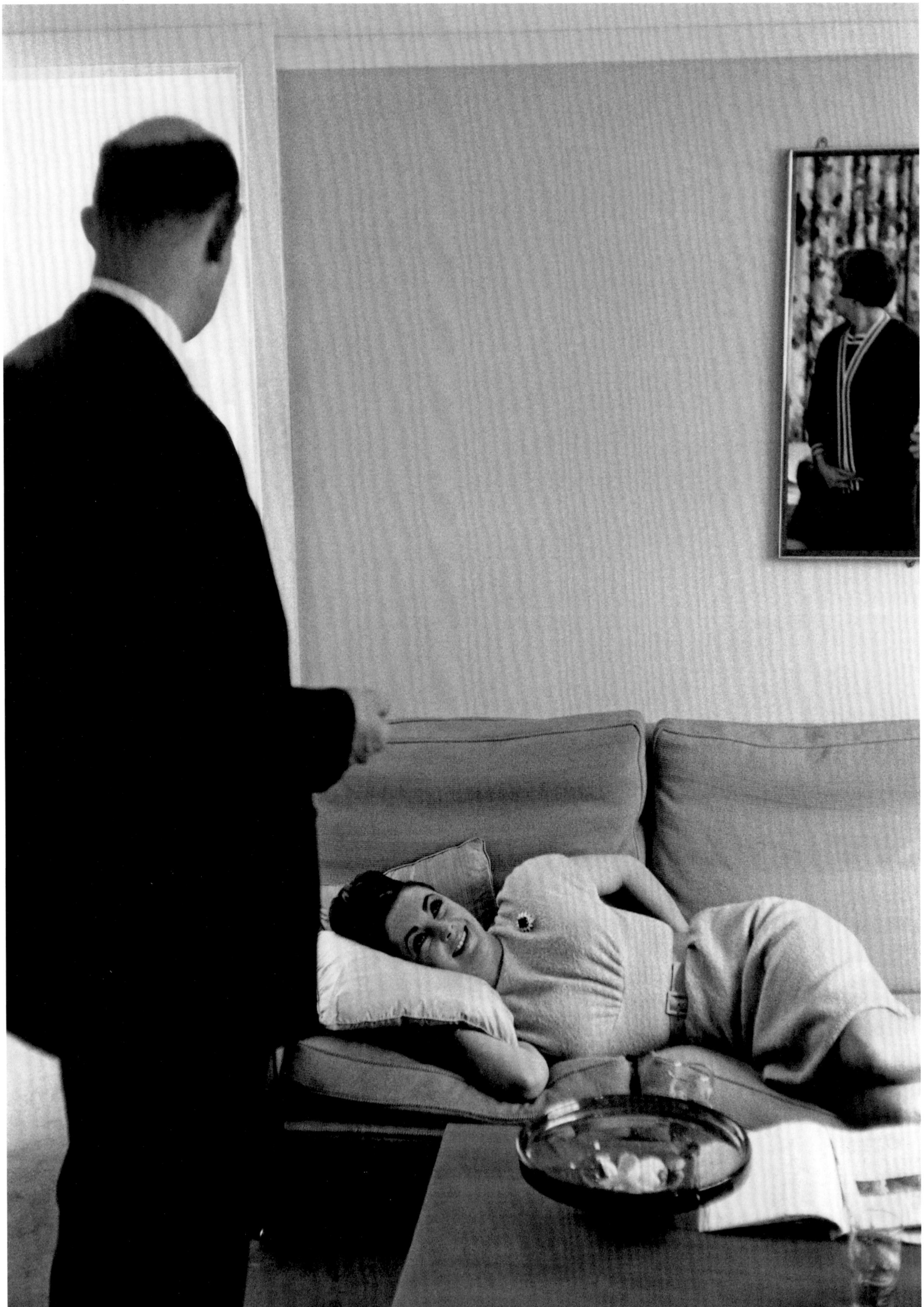

1963 | Richard Burton und Elizabeth Taylor in ihrer Garderobe in den Elstree Studios in London, wo sie *Hotel International* unter der Regie von Anthony Asquith drehen.

1963 | Elizabeth Taylor ruht sich in einer Drehpause in ihrer Garderobe aus.

1963 | Elizabeth Taylor spielt mit ihrem Hund, der sie fast überallhin begleitet.

161

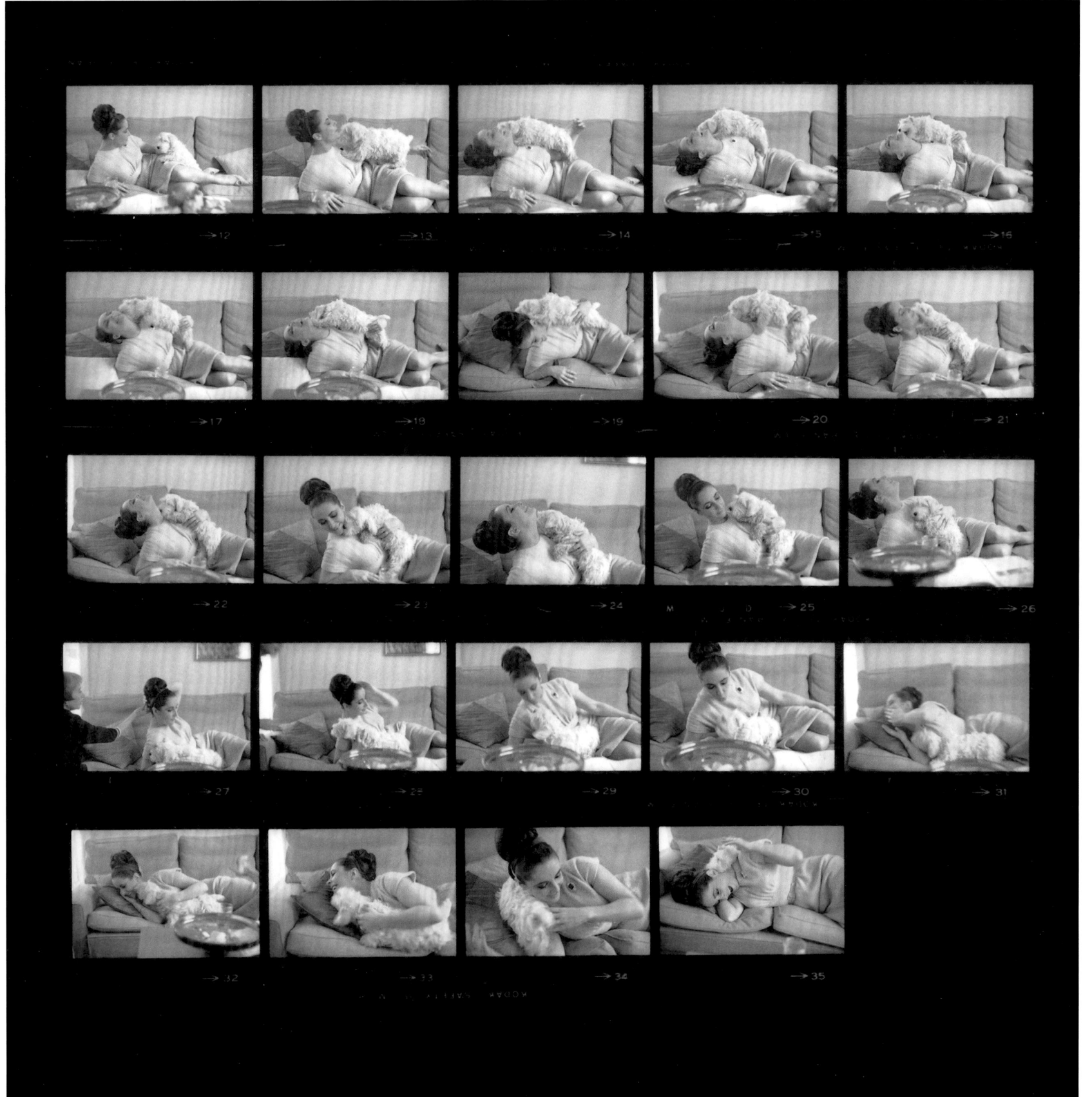

„Die Ehe ist eine Verschnaufpause zwischen zwei leidenschaftlichen Liebesbeziehungen."

Elizabeth Taylor

1963 | Elizabeth Taylor, 31 Jahre, und Richard Burton.

1968 | Elizabeth Taylor nimmt an einem Dinner zugunsten der Präsidentschaftskandidatur von Robert Kennedy teil; dessen Frau Ethel ist ebenfalls zugegen. Der Politiker fällt wenige Monate später einem Attentat zum Opfer.

165

1972 | Elizabeth Taylor in London.

1976 | Elizabeth Taylor trifft Königin Elisabeth II., die sie 23 Jahre später in den Adelsstand erheben wird.

1965 | Elizabeth Taylor am Set von Vincente Minnellis *… die alles begehren*. Für ihre Rolle erhält sie eine Gage von einer Million Dollar.

1965 | Porträt Elizabeth Taylors im Alter von 33 Jahren.

1965 | Bei den Dreharbeiten zu … *die alles begehren* lernt Elizabeth Taylor Ernest Lehman kennen, der ihr eine Zusammenarbeit bei seinem neuen Projekt vorschlägt: der Verfilmung des Bühnenstücks *Wer hat Angst vor Virginia Woolf?*, dessen Theateraufführung ihn stark beeindruckt hat.

1965 | Elizabeth Taylor in *… die alles begehren* von Vincente Minnelli. Der Soundtrack des Films wird mit dem Oscar, dem Golden Globe und einem Grammy ausgezeichnet.

„Ich bin nicht kleinzukriegen. Nehmen Sie mich als lebendes Beispiel dafür, dass man selbst die härtesten Prüfungen überstehen kann."

Elizabeth Taylor

1968 | Elizabeth Taylor am Set von *Brandung*, einem Film von Joseph Losey, nach einem Drehbuch von Tennessee Williams.

1968 | Bei den Dreharbeiten zu Joseph Loseys *Brandung* hilft Richard Burton Elizabeth Taylor mit der Kapuze ihres Kostüms.

1968 | Am Set von *Brandung* auf Sardinien nutzen Elizabeth Taylor und Richard Burton eine Drehpause für eine Partie Domino in ihrer Garderobe.

175

Quand 2 monstres sacrés jouent aux amants terribles

20th. CENTURY-FOX présente

Elizabeth Taylor / Warren Beatty

dans

Une Production George Stevens - Fred Kohlmar

Las Vegas... Un Couple

(The Only Game In Town)

Produit par FRED KOHLMAR • Réalisé par GEORGE STEVENS
Scénario de FRANK D. GILROY • Tiré de sa pièce • Couleurs par DE LUXE

1970 | Filmplakat zu *Das einzige Spiel in der Stadt* von George Stevens.

1970 | Da Warren Beatty als Frauenheld verschrien ist, stattet Richard Burton seiner Frau während der Dreharbeiten zu *Das einzige Spiel in der Stadt* häufige Besuche ab.

1970 | Eigentlich war Frank Sinatra für die Rolle des Joe Grady in *Das einzige Spiel in der Stadt* vorgesehen. Da sich die Dreharbeiten verzögerten, wurde schließlich Warren Beatty als Partner von Elizabeth Taylor verpflichtet.

1970 | Obwohl *Das einzige Spiel in der Stadt* in Las Vegas spielt, werden alle Innenszenen in Paris gedreht – in den Verträgen von Elizabeth Taylor und Richard Burton ist festgelegt, dass die beiden nie mehr als eine Stunde voneinander entfernt sein dürfen.

„Die Schauspielerei hat für mich nichts Echtes mehr an sich. Menschen leiden zu sehen, das ist real. So real, wie es nur sein kann."

Elizabeth Taylor

1970 | Elizabeth Taylor bei der siebten Verleihung der Annual ICG Publicists Awards in Los Angeles.

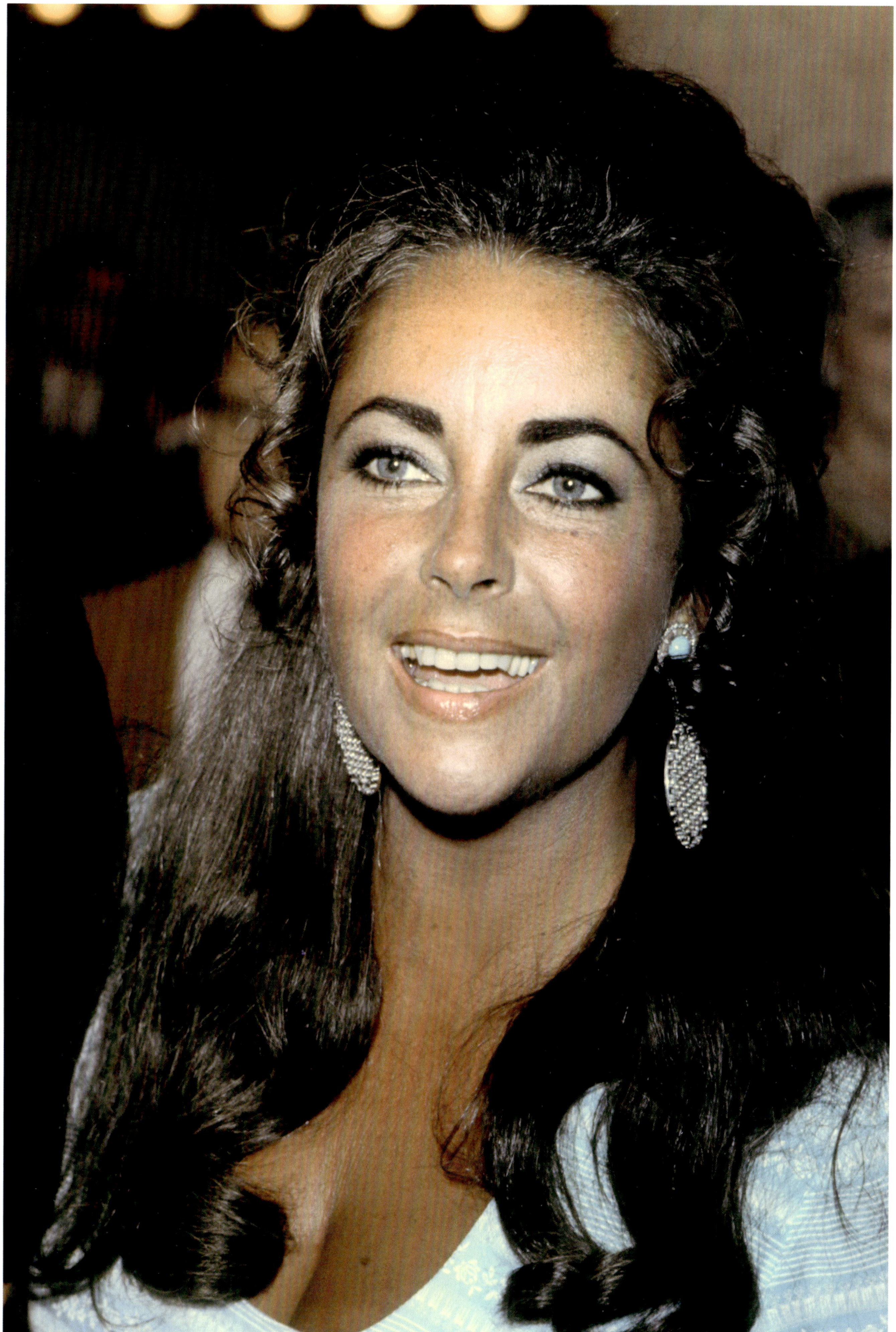

1987 | Elizabeth Taylor erscheint zu einer Pressekonferenz anlässlich des Marktstarts ihres Parfums „Passion" im Helmsley Palace Hotel in New York.

1977 | Elizabeth Taylor unterstützt John Warner, mit dem sie seit Dezember 1976 verheiratet ist, im Wahlkampf um den Posten des Senators von Virginia. Er geht als Sieger hervor.

WHITE
DIAMONDS
ELIZABETH TAYLOR
The fragrance
dreams are made of.

1991 | Elizabeth Taylor bei der glamourösen Präsentation ihres Parfums „White Diamonds" in den USA.

1975 | Elizabeth Taylor, ein Jahr vor ihrer zweiten Scheidung von Richard Burton.

„Ich möchte den Großteil meines Vermögens der American Foundation for AIDS Research schenken, die ich 1985 ins Leben gerufen habe. Der Kampf gegen das Virus ist mir zu einer Herzensangelegenheit geworden."

Elizabeth Taylor

1985 | Elizabeth Taylor erhält den französischen Orden *Commandeur des Arts et des Lettres* in Paris. Ab Mitte der 1980er-Jahre engagiert sie sich unermüdlich für die Aids-Forschung. Sie sammelt Spenden und mobilisiert Kräfte auf beiden Seiten des Atlantiks.

BIOGRAFIE

1932
27. Februar: Geburt von Elizabeth Rosemond Taylor in London als zweites Kind der Amerikaner Francis Taylor, eines Kunsthändlers, und Sarah Taylor, Schauspielerin.

1936
Reit- und Tanzunterricht. Erster Bühnenauftritt.

1939
Wegen des bevorstehenden Kriegsbeginns Umzug der Familie nach Hollywood, Kalifornien.

1940
Gesangsunterricht, weitere Tanz- und Reitstunden.

1941
Sechsmonatiger Vertrag bei den Universal Studios. Erste Rolle, Dreharbeiten zu *There's One Born Every Minute*.

1942
Erster Dreh für MGM mit *Heimweh*. Einjahresvertrag mit MGM.

1944
Durchbruch mit dem fünften Film *Kleines Mädchen, großes Herz* an der Seite von Mickey Rooney.

1946
Spitzengage und gute Kritiken für *Lassie – Held auf vier Pfoten*.
Herbst: Trennung der Eltern.

1947
Erste Titelrolle in *Cynthia*.
Posiert 15-jährig für erste Pin-up-Fotos.

1948
Erste Liebesbeziehung zu einem 23-jährigen Footballspieler.

1949
Erste „erwachsene" Hauptrolle in *Verschwörer*. Bei den Dreharbeiten in London Begegnung mit dem Schauspieler Michael Wilding.
Versöhnung der Eltern.
Ihr Bild erscheint erstmals auf einem Cover des *Time Magazine*.

1950
Verlobung und im Mai Hochzeit mit dem Hotelerben Conrad „Nicky" Hilton Jr.

1951
Januar: Scheidung von Hilton.
Bei den Dreharbeiten zu *Ivanhoe – Der schwarze Ritter* in London Wiederbegegnung mit dem 20 Jahre älteren Michael Wilding.
Karriereschub durch den Kinostart des mehrfach Oscar-nominierten Films *Ein Platz an der Sonne* von George Stevens mit Montgomery Clift als Partner.

1952
Februar: Hochzeit mit Michael Wilding in London.

1953
Januar: Geburt des ersten Sohnes Michael Jr.

1955
Februar: Geburt des zweiten Sohnes Christopher Edward.
Im Sommer Dreharbeiten zu *Giganten* mit Rock Hudson und James Dean. Der Unfalltod von James Dean löst eine schwere Depression aus, die zu Gewichtsproblemen führt.

1956
Radikaldiät für die bevorstehenden Dreharbeiten von *Das Land des Regenbaums*, wieder mit dem inzwischen zum Freund gewordenen Montgomery Clift.
Gerüchte um eine Trennung von Wilding, der Produzent Mike Todd macht ihr den Hof.

1957
Ende Januar: Scheidung von Michael Wilding.
Anfang Februar: Heirat mit Mike Todd.
August: Geburt der Tochter Elizabeth Frances.

1958
Beginn der Dreharbeiten zu *Die Katze auf dem heißen Blechdach* an der Seite Paul Newmans.
März: Mike Todd stirbt bei einem Flugzeugabsturz.
Herbst: Beginn der Affäre mit Eddie Fisher. Alkohol- und Tablettensucht.

1959
Übertritt zum jüdischen Glauben. Mai: Hochzeit mit Eddie Fisher in einer Synagoge in Las Vegas.
Dreharbeiten für *Plötzlich im letzten Sommer* von Joseph L. Mankiewicz an der Seite von Montgomery Clift und Katherine Hepburn.

1960
Oscar-prämierte Rolle der Gloria Wandrous in *Telefon Butterfield 8*.

1961
Lebensbedrohliche Lungenentzündung.
September: Beginn der Dreharbeiten zu *Cleopatra* in Rom, mit Richard Burton als Mark Anton. Handelt dafür den bis dato bestdotierten Vertrag der Kinogeschichte aus.
Zusammen mit Eddie Fisher Adoption eines deutschen Babys, das Maria getauft wird.

1962
Skandalaffäre mit Richard Burton. Die Scheidungsanwälte aller Beteiligten treten auf.
Im Anschluss an *Cleopatra* Dreharbeiten in London zu *Hotel International* mit Burton als Filmpartner; beide erhalten eine Rekordgage.

1964
März: Scheidung von Eddie Fisher, Hochzeit mit Richard Burton. Die kleine Maria wird von Burton adoptiert.

1965
Rolle der Martha in dem mehrfach Oscar-prämierten *Wer hat Angst vor Virginia Woolf?* unter der Regie von Mike Nichols mit Burton als Partner.

1968
Einer Unterleibsoperation folgen Depression und Tablettenabhängigkeit.
November: Tod des Vaters.

1969
Anfang des Jahres: Aufenthalt in einer Entziehungsklinik, um die Medikamentensucht zu bekämpfen. Die Sucht kehrt aber ein Jahr später zurück, als nach einer weiteren Operation erneut Schmerzmittel verabreicht werden.

1971
Zum ersten Mal Großmutter (bis heute elf Enkel).

1972
Großer Aufwand zur Feier des 40. Geburtstags in Budapest, wo Burton dreht.
Wachsende Gerüchte werden durch die tatsächliche Trennung der beiden bestätigt.

1974
Juni: Nach mehreren Versöhnungen wird die Scheidung der Ehe Taylor-Burton rechtskräftig.

1975
Dreharbeiten zu *Der blaue Vogel* von George Cukor neben Jane Fonda in der UdSSR.
Oktober: Zweite Hochzeit mit Richard Burton.

1976
Februar: Die Burtons geben ihre Trennung bekannt, ein halbes Jahr später folgt die zweite Scheidung.
Dezember: Hochzeit mit dem republikanischen Politiker John Warner, nachdem Burton noch im August wieder geheiratet hat.

1977–1980
Unterstützung der Wahlkampagnen Warners. Mangelnde Rollenangebote aufgrund drastischer Gewichtsprobleme. Abmagerungskur. Sanatoriumsaufenthalt in Florida. Dreharbeiten zu *Mord im Spiegel* in England.

1981
Erfolgreiches Broadway-Debüt.
Dezember: offizielle Trennung von John Warner.

1982
Wiedersehen mit Richard Burton. Spekulationen über eine dritte Hochzeit.
November: Scheidung von John Warner. Der Anwalt Victor Luna wird ihr neuer Begleiter.

1983
Hauptrolle neben Richard Burton am Broadway. Mehrmonatige Tournee.
Dezember: Beginn einer Entziehungskur im Betty Ford Center.

1984
Heiratspläne mit Victor Luna.
August: Richard Burton stirbt. Ende der Beziehung zu Luna.
Beginn der Freundschaft mit Michael Jackson.

1985
Beginn des Engagements zur Bekämpfung von Aids.
Dreharbeiten für eine Folge der TV-Serie *Fackeln im Sturm*.

1987
Mai: Verleihung des Ordens der Légion d'honneur durch den französischen Präsidenten.
Erstes eigenes Parfüm „Passion" kommt auf den Markt.

1988
Großer Erfolg mit der autobiografischen Buchpublikation *Vom Dicksein, vom Dünnsein, vom Glücklichsein*.
Juli: Rückfall in die Alkohol- und Tablettensucht und starke Gewichtszunahme. Zweiter Aufenthalt im Betty Ford Center, hier Begegnung mit Larry Fortensky. Abmagerungskur und umfassendes Lifting.

1990
Zweite lebensgefährliche Lungenentzündung.

1991
Oktober: Hochzeit mit Larry Fortensky auf Michael Jacksons Neverland-Ranch.

1993
Life Achievement Award des American Film Institute.

1996
Trennung von Fortensky.
Tod der Mutter.
Nach zwei Hüftoperationen Rückfall in die Alkohol- und Medikamentensucht.
Entfernung eines Hirntumors.

1999
Erhebung in den Adelsstand als „Dame Commander des Britischen Empire" durch Elisabeth II.

2001
Produktion des bisher letzten Films *These Old Broads*, einer TV-Produktion mit Shirley MacLaine, Debbie Reynolds und Joan Collins.
Zweite Buchveröffentlichung, *My Love Affair with Jewelry*. Eine Perückenkollektion kommt auf den Markt.

2003
Bekanntgabe des Leinwandabschieds auf der Oscarverleihung.
Schenkung des Großteils ihres Vermögens an die American Foundation for AIDS Research.

Elizabeth Taylor lebt bis heute mit ihren Tieren in ihrem Haus in Bel Air.

FILMOGRAFIE

- 1942 *There's One Born Every Minute*, Regie: Harold Young
- 1943 *Heimweh (Lassie Come Home)*, Regie: Fred M. Wilcox
- 1944 *Die Waise von Lowood (Jane Eyre)*, Regie: Robert Stevenson
- 1944 *Weiße Klippen (The White Cliffs of Dover)*, Regie: Clarence Brown
- 1944 *Kleines Mädchen, großes Herz (National Velvet)*, Regie: Clarence Brown
- 1946 *Lassie – Held auf vier Pfoten (Courage of Lassie)*, Regie: Fred M. Wilcox
- 1947 *Unser Leben mit Vater (Life with Father)*, Regie: Michael Curtiz
- 1947 *Cynthia*, Regie: Robert Z. Leonard
- 1948 *Wirbel um Judy (A Date with Judy)*, Regie: Richard Thorpe
- 1948 *Julia benimmt sich schlecht (Julia Misbehaves)*, Regie: Jack Conway
- 1949 *Kleine tapfere Jo (Little Women)*, Regie: Mervyn LeRoy
- 1949 *Verschwörer (Conspirator)*, Regie: Victor Saville
- 1950 *Von Katzen und Katern (The Big Hangover)*, Regie: Norman Krasna
- 1950 *Der Vater der Braut (Father of the Bride)*, Regie: Vincente Minnelli
- 1951 *Ein Geschenk des Himmels (Father's Little Dividend)*, Regie: Vincente Minnelli
- 1951 *Ein Platz an der Sonne (A Place in the Sun)*, Regie: George Stevens
- 1951 *Quo Vadis? (Quo Vadis)*, Regie: Mervyn LeRoy
- 1952 *Die süße Falle (Love Is Better Than Ever)*, Regie: Stanley Donen
- 1952 *Ivanhoe – Der schwarze Ritter (Ivanhoe)*, Regie: Richard Thorpe
- 1953 *Ein verwöhntes Biest (The Girl Who Had Everything)*, Regie: Richard Thorpe
- 1954 *Symphonie des Herzens (Rhapsody)*, Regie: Charles Vidor
- 1954 *Elefantenpfad (Elephant Walk)*, Regie: William Dieterle
- 1954 *Beau Brummell – Rebell und Verführer (Beau Brummell)*, Regie: Curtis Bernhardt
- 1954 *Damals in Paris (The Last Time I Saw Paris)*, Regie: Richard Brooks
- 1956 *Giganten (Giant)*, Regie: George Stevens
- 1957 *Das Land des Regenbaums (Raintree Country)*, Regie: Edward Dmytryk
- 1958 *Die Katze auf dem heißen Blechdach (Cat on a Hot Tin Roof)*, Regie: Richard Brooks
- 1959 *Plötzlich im letzten Sommer (Suddenly, Last Summer)*, Regie: Joseph L. Mankiewicz
- 1960 *Scent of Mystery*, Regie: Jack Cardiff
- 1960 *Telefon Butterfield 8 (Butterfield 8)*, Regie: Daniel Mann
- 1963 *Cleopatra*, Regie: Joseph L. Mankiewicz
- 1963 *Hotel International (The V.I.P.s)*, Regie: Anthony Asquith
- 1965 *… die alles begehren (The Sandpiper)*, Regie: Vincente Minnelli
- 1966 *Wer hat Angst vor Virginia Woolf? (Who's Afraid of Virginia Woolf?)*, Regie: Mike Nichols
- 1967 *Der Widerspenstigen Zähmung (The Taming of the Shrew)*, Regie: Franco Zeffirelli
- 1967 *Doktor Faustus (Doctor Faustus)*, Regie: Richard Burton und Nevill Coghill
- 1967 *Spiegelbild im goldenen Auge (Reflections in a Golden Eye)*, Regie: John Huston
- 1967 *Die Stunde der Komödianten (The Comedians)*, Regie: Peter Glenville
- 1968 *Brandung (Boom)*, Regie: Joseph Losey
- 1968 *Die Frau aus dem Nichts (Secret Ceremony)*, Regie: Joseph Losey
- 1969 *Königin für tausend Tage (Anne of the Thousand Days)*, Regie: Charles Jarrott
- 1970 *Das einzige Spiel in der Stadt (The Only Game in Town)*, Regie: George Stevens
- 1972 *X, Y und Zee (Zee and Co.)*, Regie: Brian G. Hutton
- 1972 *Unter dem Milchwald (Under Milk Wood)*, Regie: Andrew Sinclair
- 1972 *Hammersmith ist raus (Hammersmith Is Out)*, Regie: Peter Ustinov
- 1973 *Seine Scheidung, ihre Scheidung (Divorce His—Divorce Hers)* (TV), Regie: Waris Hussein
- 1973 *Die Nacht der tausend Augen (Night Watch)*, Regie: Brian G. Hutton
- 1973 *Die Rivalin (Ash Wednesday)*, Regie: Larry Peerce
- 1974 *Identikit*, Regie: Giuseppe Patroni Griffi
- 1976 *Der blaue Vogel (The Blue Bird)*, Regie: George Cukor
- 1976 *Unternehmen Entebbe (Victory at Entebbe)*, Regie: Marvin J. Chomsky
- 1978 *Das Lächeln einer Sommernacht (A Little Night Music)*, Regie: Harold Prince
- 1978 *Return Engagement* (TV), Regie: Joseph Hardy
- 1979 *Philadelphia Clan (Winter Kills)*, Regie: William Richert
- 1980 *Mord im Spiegel (The Mirror Crack'd)*, Regie: Guy Hamilton
- 1983 *Freundinnen fürs Leben (Between Friends)* (TV), Regie: Lou Antonio
- 1985 *Das verrückte Hollywood (Malice in Wonderland)*, Regie: Gus Trikonis
- 1986 *Schatten des Ruhms (There Must Be a Pony)*, Regie: Joseph Sargent
- 1987 *Poker Alice*, Regie: Arthur Allan Seidelman
- 1988 *Il Giovane Toscanini*, Regie: Franco Zeffirelli
- 1989 *Süßer Vogel Jugend (Sweet Bird of Youth)* (TV), Regie: Nicolas Roeg
- 1994 *Flintstones – Die Familie Feuerstein (The Flintstones)*, Regie: Brian Levant
- 2001 *These Old Broads*, Regie: Matthew Diamond

Auszeichnungen (Auswahl)

- 1958 Oscar: Nominierung als Beste Hauptdarstellerin, für *Das Land des Regenbaums*
- 1959 Oscar: Nominierung als Beste Hauptdarstellerin, für *Die Katze auf dem heißen Blechdach*
- 1960 Golden Globe: Beste Hauptdarstellerin, für *Plötzlich im letzten Sommer*
- 1960 Oscar: Nominierung als Beste Hauptdarstellerin, für *Plötzlich im letzten Sommer*
- 1961 Oscar: Beste Hauptdarstellerin, für *Telefon Butterfield 8*
- 1967 Oscar: Beste Hauptdarstellerin, für *Wer hat Angst vor Virginia Woolf?*
- 1968 Bambi der Hubert Burda Media
- 1972 Berlinale: Silberner Bär, für *Hammersmith ist raus*
- 1985 Cecil B. DeMille Award: Lebenswerk
- 1987 Frankreich: Orden der Légion d'honneur
- 1992 Jean Hersholt Humanitarian Award: Engagement gegen Aids
- 1993 American Film Institute: Life Achievement Award

DANKSAGUNG

Noémie Couteau,
Rodolphe de Pouzilhac,
Arthur Lemaire Jr.,
Louis Marlin,

… dieses Buch ist für Euch.

Außerdem danke ich herzlich:

Frédéric Brun, der angeregte und ausgiebige Diskussionen liebt, seine Puros
in aller Gemächlichkeit zu genießen versteht und sich stets seine Begeisterung
für das Büchermachen in allen seinen Facetten bewahrt hat.
Auf eine baldige Zusammenarbeit an schönen Projekten!

Matt Berman, der uns auf den Terrassen des Quartier Latin so schmerzlich fehlt,
und all jenen, die ihn so gerne lachen hören. Komm bald aus New York wieder!

Annie Goguelin, der ich die Kraft schicken möchte, im neuen Lebensabschnitt
etwas mehr zur Ruhe zu kommen.

Beverly W. Brannan, die mir bei der Bildersuche eine wertvolle Hilfe war, deren
Augen leuchten, sobald von Fotografie die Rede ist, und die mir zu den unveröffentlichten und in Vergessenheit geratenen Kostbarkeiten verholfen hat, die in
diesem Buch zu sehen sind.

Yann-Brice Dherbier

ABBILDUNGSNACHWEIS

S. 25 | © New York World Telegram & Sun
S. 26 | © New York World Telegram & Sun
S. 26 | © Rue des Archives / PVDE
S. 26 | © Snap Photo / Rue des Archives
S. 27 | © MGM
S. 28 | © MGM
S. 28 | © Snap Photo / Rue des Archives
S. 29 | © MPTV / Universal
S. 30 | © MPTV
S. 30 | © New York World Telegram & Sun
S. 31 | © Rue des Archives / BCA
S. 31 | © Rue des Archives / BCA
S. 32 | © Rue des Archives / Snap Photo
S. 33 | © Rue des Archives / Snap Photo
S. 34 | © Rue des Archives / BCA
S. 35 | © MGM
S. 36 | © Rue des Archives / BCA
S. 37 | © Snap Photo / Rue des Archives
S. 38 | © MPTV
S. 39 | © New York World Telegram & Sun
S. 41 | © Magnum Photos / Philippe Halsman
S. 42 | © Rue des Archives / BCA
S. 43 | © Rue des Archives / BCA
S. 44 | © Ullstein Bild / Roger Viollet
S. 45 | © Rue des Archives / BCA
S. 46 | © Rue des Archives / BCA
S. 47 | © Rue des Archives / RDA
S. 48 | © MGM
S. 49 | © MGM
S. 51 | © TopFoto / Roger Viollet
S. 52 | © Privatsammlung
S. 53 | © Privatsammlung
S. 54 | © Robert Vose
S. 55 | © Robert Vose
S. 56 | © Warner Bros.
S. 57 | © MPTV / Sanford Rothy
S. 58 | © MPTV
S. 60 | © MPTV / Richard C. Miller
S. 61 | © MPTV / Richard C. Miller
S. 63 | © MPTV / Bob Willoughby
S. 64 | © MPTV / Richard C. Miller
S. 66 | © MPTV / Floyd McCarty
S. 67 | © MPTV / Sid Avery
S. 69 | © MPTV / Bob Willoughby
S. 70 | © MPTV / Sanford Roth / AMPAS
S. 72 | © MPTV / Richard C. Miller
S. 73 | © MPTV / Sanford Roth / AMPAS

S. 74 | © Robert Vose
S. 75 | © Robert Vose
S. 76 | © Robert Vose
S. 77 | © Robert Vose
S. 79 | © Robert Vose
S. 80 | © Privatsammlung
S. 81 | © Tonni Frissell
S. 82 | © Tonni Frissell
S. 84 | © Tonni Frissell
S. 85 | © MPTV / Sanford Roth / AMPAS
S. 86 | © Tonni Frissell
S. 89 | © Tonni Frissell
S. 90 | © Tonni Frissell
S. 91 | © Tonni Frissell
S. 92 | © Rue des Archives / BCA
S. 93 | © Rue des Archives / BCA
S. 95 | © Rue des Archives / BCA
S. 96 | © Ron Galella
S. 97 | © MPTV / Bob Willoughby
S. 98 | © MGM
S. 99 | © MGM
S. 100 | © MPTV
S. 103 | © Magnum Photos / Burt Glinn
S. 104 | © Magnum Photos / Burt Glinn
S. 106 | © Magnum Photos / Burt Glinn
S. 107 | © Magnum Photos / Burt Glinn
S. 108 | © Magnum Photos / Burt Glinn
S. 109 | © Magnum Photos / Burt Glinn
S. 111 | © Rue des Archives / Snap Photo
S. 112 | © Magnum Photos / Burt Glinn
S. 113 | © Magnum Photos / Burt Glinn
S. 114 | © Magnum Photos / Burt Glinn
S. 116 | © Magnum Photos / Burt Glinn
S. 117 | © Magnum Photos / Burt Glinn
S. 118 | © Magnum Photos / Burt Glinn
S. 121 | © Ullstein Bild / Roger Viollet
S. 122 | © MGM
S. 123 | © MGM
S. 124 | © Rue des Archives / BCA
S. 125 | © MPTV
S. 126 | © Rue des Archives / AGIP
S. 127 | © Rue des Archives / Farabola / AGIP
S. 128 | © Rue des Archives / BCA
S. 129 | © Rue des Archives / BCA
S. 131 | © New York World Telegram & Sun
S. 132 | © Rue des Archives / BCA
S. 133 | © Rue des Archives / BCA

S. 134 | © 20th Century Fox / MPTV
S. 135 | © New York World Telegram & Sun
S. 136 | © Privatsammlung
S. 138 | © Douglas Kirkland
S. 139 | © Douglas Kirkland
S. 141 | © MPTV
S. 142 | © Douglas Kirkland
S. 143 | © Douglas Kirkland
S. 144 | © Douglas Kirkland
S. 145 | © Douglas Kirkland
S. 146 | © Rue des Archives / BCA
S. 147 | © Rue des Archives / PF / AGIP
S. 149 | © Rue des Archives / BCA
S. 150 | © Ullstein Bild / Roger Viollet
S. 151 | © Privatsammlung
S. 152 | © Rue des Archives / BCA
S. 153 | © Rue des Archives / BCA
S. 154 | © Warner Bros.
S. 155 | © Rue des Archives / BCA
S. 157 | © MPTV / David Sutton
S. 158 | © Douglas Kirkland
S. 159 | © Douglas Kirkland
S. 160 | © Douglas Kirkland
S. 161 | © Douglas Kirkland
S. 163 | © Privatsammlung
S. 164 | © Privatsammlung
S. 165 | © Privatsammlung
S. 166 | © MPTV
S. 167 | © Snap Photo / Rue des Archives
S. 168 | © New York World Telegram & Sun
S. 169 | © New York World Telegram & Sun
S. 170 | © Rue des Archives / BCA
S. 171 | © Rue des Archives / RDA
S. 173 | © Rue des Archives / Snap Photo
S. 174 | © Rue des Archives / BCA
S. 175 | © Rue des Archives / AGIP
S. 176 | © Twentieth Century Fox
S. 177 | © Rue des Archives / BCA
S. 178 | © Rue des Archives / BCA
S. 179 | © Rue des Archives / BCA
S. 181 | © Ron Galella
S. 182 | © Ron Galella
S. 183 | © Rue des Archives / BCA
S. 184 | © Ron Galella
S. 185 | © Rue des Archives / BCA
S. 187 | © Rue des Archives / AGIP